T0266606

FRIDA

de la   *a la*

AZ

MA
NON
TROPPO

INTRODUCCIÓN

«¿Quién era Frida Kahlo? Es imposible encontrar una respuesta exacta. Su personalidad era tan contradictoria y múltiple que podía decirse que había muchas Fridas…»
– Alejandro Gómez Arias

Cuando Frida Kahlo murió en 1954, no se la consideraba un icono. Su obra era demasiado modesta; sus cuadros, demasiado pequeños y personales, demasiado extraños en su temática. En el transcurso de su breve vida, solo realizó una exposición individual en su México natal y, a pesar de alcanzar cierto éxito en Estados Unidos y París, en el resto del mundo era desconocida. Cuando murió, parecía que su legado iba a caer en el olvido.

Pasaron décadas. No fue hasta los años ochenta cuando su obra empezó a revalorizarse, a salir de la sombra de la fama de su marido Diego Rivera. Frida fue una pionera cuyo arte representó con fuerza su experiencia vivida. Su vida y su arte comenzaron a despertar el interés de mujeres, de gente de color, personas que se identifican como *queer* o que viven con alguna discapacidad. Como muchos otros genios, se adelantó a su tiempo.

Su realidad era complicada. Tras un ataque de poliomielitis en su infancia y un accidente de autobús en su juventud, padeció problemas de salud durante toda su vida. El sufrimiento la acompañó de manera constante. Vivió de forma intensa, dolorosa y apasionada: su vida estaba tan llena de amor como de dolor. No fue una persona simple, ni tampoco fácil. Había en ella grandes contradicciones.

Era sumamente generosa pero muy dependiente emocionalmente. Era humilde en su trabajo pero vanidosa en su apariencia.

Consciente del poder de lo visual, utilizaba sus encantos para desviar la atención de su físico destrozado. Bebía mucho, fumaba sin cesar y maldecía gozosamente. Una pintora sin igual. Apasionada de la política. Disfrutaba montando una escena.

Es imposible entender a Frida sin tener en cuenta también a Diego. Fue el gran amor de su vida, aunque su relación fue muy inestable. Ambos grandes artistas, ambos dominados por la pasión, se peleaban continuamente y se reconciliaban con la misma frecuencia. Él era un mujeriego empedernido y le rompió el corazón una y otra vez. Pero ella también tuvo sus aventuras y se enamoró tanto de hombres como de mujeres. Sin embargo, lo más importante de su relación no fueron sus indiscreciones ni sus aventuras amorosas: fue la inquebrantable devoción que sentían el uno por el otro.

Desde su muerte en 1954, Frida Kahlo se ha convertido con todo derecho en un icono. Su arte es legendario y su nombre es sinónimo de mujer poderosa, con un estilo fabuloso e indiferente a la opinión de los demás. Absorbió el dolor y la alegría de sus experiencias y las devolvió al mundo en forma de pinturas subversivas, intensamente personales y electrizantes, las cuales siguen siendo un impactante testimonio de su vida extraordinaria.

NADIA BAILEY

A

también de

Androginia

«De mi rostro me gustan mis cejas y mis ojos. Aparte de eso, no me gusta nada más», escribió una vez Frida. «Del sexo opuesto, tengo el bigote y el rostro en general.» A pesar de ello, o quizá por ello, Frida hizo de su aspecto andrógino un instrumento de poder subversivo. Pintó una serie de autorretratos en los que su bigote es más prominente de lo que era en realidad y en un autorretrato se representó a sí misma con un corte de pelo masculino, vestida con un traje de hombre que le quedaba grande.

Adicción

Frida padeció una enfermedad crónica y un traumatismo físico debilitante. Tuvo que someterse a más de 30 operaciones y sufrió múltiples abortos. Para mitigar su dolor, recurría a un cóctel de fármacos, compuesto por petidina, morfina y alcohol; y rara vez se la veía sin un cigarrillo en la mano. La causa oficial de su muerte fue una embolia pulmonar; sin embargo, algunos creen que murió por una sobredosis de drogas intencionada. De hecho, la última anotación en su diario personal es algo ambigua: «Espero alegre la salida y espero no volver jamás, Frida».

Anahuacalli

En sus primeros años de matrimonio, Diego y Frida compraron una propiedad en Coyoacán, al sur de Ciudad de México. Inicialmente pretendían cultivar la tierra, pero como era demasiado pantanosa, Diego decidió construir un ambicioso museo en el lugar. Lo llamó Anahuacalli. El museo exhibe en la actualidad su colección de piezas precolombinas junto con sus propios murales, bocetos y mosaicos.

El espíritu político de Frida también pasó a la acción en el mundo real: conmovida por la difícil situación de los republicanos derrotados en la Guerra Civil española, organizó con Diego la concesión de asilo en México a 400 refugiados españoles.

En su condición de revolucionaria comprometida, a Frida le gustaba afirmar que había nacido en 1910, el mismo año en que comenzó la Revolución mexicana. Pero en realidad nació tres años antes, en 1907.

Jacobo Árbenz

La última aparición pública de Frida fue para asistir a una marcha de protesta en México en apoyo al presidente de izquierdas de Guatemala, Jacobo Árbenz, tras ser destituido en un golpe de estado. Aunque estaba enferma y en silla de ruedas, salió a la calle con una pancarta decorada con una paloma de la paz para mostrar su solidaridad con la causa.

A de ACTIVISMO

TIERRA y LIBERTAD

Frida Kahlo fue una revolucionaria desde el principio. Cuando era adolescente, ingresó en la Escuela Nacional Preparatoria y se unió a un grupo conocido como Los Cachuchas, llamado así por las gorras de tela que llevaban sus miembros. Durante sus años escolares, participó activamente en grupos de izquierda, una pasión política que mantendría toda su vida. Después de casarse con Diego Rivera, se convirtió en una mujer aún más comprometida con la política y el matrimonio apoyó numerosas causas.

Eran partidarios del socialismo, del anticapitalismo, del antiimperialismo y del antifascismo. Diego creía firmemente en el poder del arte para impulsar la acción revolucionaria y pintó enormes murales al servicio de sus objetivos revolucionarios. Ya en sus últimos años, Frida empezó a preocuparse cada vez más por si su arte había conseguido lo mismo: «Debo luchar con todas mis fuerzas para que lo poco de positivo que mi salud me deje hacer sea en dirección a ayudar a la revolución», escribió en su diario.

Utilizar su arte como vehículo para su activismo, declaró, era «la única razón real para vivir».

B de

EL BUS QUE CAMBIÓ MI VIDA

De todos los cuadros de Frida Kahlo, el que transmite con mayor fuerza su experiencia de sufrimiento es el de *La columna rota*; realizado en 1944 tras una de sus muchas operaciones. La pintura muestra a Frida de pie en un paisaje desolado y agrietado, ataviada con un corsé ortopédico de acero sobre el pecho desnudo. Su torso está partido en dos y en el hueco destaca una columna jónica agrietada en el lugar donde debería estar la columna vertebral. Su cuerpo está perforado por clavos y las lágrimas salpican sus mejillas, pero su rostro permanece distante e impasible. Como muchos de los cuadros de Frida, *La columna rota* es una obra marcadamente autobiográfica. El 12 de septiembre de 1925, ella y su novio, Alejandro Gómez Arias, regresaban a casa desde la escuela en un autobús de madera cuando un tranvía chocó con él, aplastó el autobús y mató a varias personas a bordo. Las lesiones de Frida resultaron catastróficas: tenía la columna vertebral rota en tres puntos, varias costillas fracturadas y la clavícula rota. Su pierna derecha sufrió 11 fracturas, su pie se dislocó y quedó aplastado, y su hombro se desarticuló. Por si esto fuera poco, lo peor de todo es que una barandilla de acero le atravesó la pelvis y le fracturó el hueso. Aquel accidente cambió el curso de su vida.

Tras el accidente, explicó Alejandro, «Algo extraño pasó. Frida estaba completamente desnuda. El choque desató su ropa. Alguien del bus, probablemente un pintor, llevaba un paquete de oro en polvo que se rompió, cubriendo el cuerpo ensangrentado de Frida. En cuanto la vio la gente, gritó: "¡La bailarina, la bailarina!" Por el oro sobre su cuerpo rojo y sangriento, pensaba que era una bailarina.»

A raíz de su accidente, Frida empezó a dedicarse al arte cuando estaba confinada en la cama. «Comencé a pintar», dijo, «por puro aburrimiento de estar encamada [...]; como era joven, esta desgracia no tomó entonces rasgos trágicos; sentía energías suficientes para hacer cualquier cosa en lugar de estudiar para médico y, sin darme cuenta, comencé a pintar.»

En *La columna rota*, Frida utiliza la iconografía cristiana para transformarse en una mártir cuyo sufrimiento se eleva a lo heroico: los clavos que penetran en su cuerpo son un reflejo de las representaciones de San Sebastián atravesado por flechas, mientras que la sábana blanca enrollada alrededor de su cintura evoca las representaciones clásicas de Cristo.

Accidentes como el que sufrieron Frida y Alejandro se producían con frecuencia en la época. De hecho, eran tan comunes que a veces se representaban en retablos o exvotos, unas pequeñas imágenes religiosas creadas para conmemorar una huida o recuperación milagrosa y dar gracias a la divinidad por la salvación.

B

también de

André Breton

En 1938, el poeta y ensayista André Breton conoció a Frida y Diego en México. Breton quedó encantado con la obra de Frida y declaró que era una surrealista de creación propia. Por su parte, Frida encontraba a Breton irritante y pretencioso (en realidad prefería la compañía de su esposa, Jacqueline Lamba). Una vez se refirió a él en una carta llamándole «vieja cucaracha».

Barbie

En 2018, Mattel lanzó una muñeca Barbie inspirada en Frida Kahlo como parte de su línea «Mujeres inspiradoras». Sin embargo, no gustó a todo el mundo. La muñeca lucía un cabello negro adornado con flores y llevaba un traje de inspiración mexicana, pero muchas personas consideraron que no le hacía justicia a Frida Kahlo, porque no reflejaba su piel bronceada, sus ojos oscuros, su prominente uniceja y su cuerpo discapacitado.

Besos

Las cartas de Frida estaban siempre cargadas de afecto, humor negro y encanto desenfadado: ya fueran sus cartas de amor apasionadas, sus notas cotillas dirigidas a sus amigos o las largas misivas de añoranza que enviaba a su familia cuando estaba lejos de su querido México. Solía mandarlas con flores prensadas o plumas de colores brillantes colocadas entre las páginas; y casi siempre las firmaba con un beso de carmín rosa o rojo de sus propios labios.

también de

Corsé

Durante gran parte de su vida, Frida tuvo que usar corsés ortopédicos diseñados para sujetar su columna vertebral fracturada. Aunque los llevaba por necesidad, los transformaba en obras de arte. Los decoraba con coloridas pinturas de flores, tigres, monos, pájaros y en un caso, incluso, un feto y el símbolo de la hoz y el martillo de la bandera de la Unión Soviética.

Catolicismo

Mientras que su madre era profundamente religiosa, Frida no profesaba la religión católica. Pese a ello, su influencia se puede apreciar en toda su obra. Por ejemplo, en uno de sus cuadros más llamativos, *Autorretrato con collar de espinas y colibrí* (1940), se inspiró en la iconografía del sufrimiento religioso al representarse a sí misma con un collar hecho de vides espinosas, una referencia a la corona de espinas colocada en la cabeza de Jesús durante su tortura y crucifixión.

Caballete

Frida pintó sus primeros cuadros mientras se recuperaba del accidente que sufrió en el autobús. Como no podía mover la mayor parte de su cuerpo, necesitaba un caballete para poder pintar estando tumbada. «Mi madre mandó hacer un caballete con un carpintero, si así se le puede llamar al aparato especial que se sujetaba a la cama donde estaba acostada, porque la escayola de yeso no me permitía sentar», recordaba Frida. «Fue así como empecé a pintar.» En 1950, cuando se sometió a una serie de operaciones de la columna vertebral, le instalaron un caballete similar sobre la cama del hospital y así pudo trabajar durante cuatro o cinco horas al día.

En 1954, durante el funeral de Frida en el Palacio de Bellas Artes, Diego colocó la bandera del Partido Comunista Mexicano sobre su ataúd.

En sus últimos días, Frida pintó *El marxismo dará salud a los enfermos*. En este cuadro, representa a Karl Marx como un ser divino que desciende de los cielos para tomarla en sus brazos, al tiempo que estrangula un águila americana, en representación del capitalismo y el imperialismo.

Frida odiaba tanto el fascismo como el capitalismo. Creía que solo el socialismo lograría un mundo mejor y más pacífico.

En 1952, Frida escribió en su diario: «Soy un ser comunista… He leído la historia de mi país y de casi todos los pueblos. Conozco ya sus conflictos de clases y económicos. Comprendo claramente la dialéctica materialista de Marx, Engels, Lenin, Stalin y Mao Tse-tung. Los amo como a los pilares del nuevo mundo comunista…»

C de COMUNIDAD

Frida Kahlo nació en una época inestable. La Revolución mexicana comenzó en 1910, cuando ella tenía tres años, y se prolongó durante casi una década. Cuando era adolescente, la revolución había provocado un cambio radical en la política y la cultura mexicanas. Una nueva constitución trajo consigo reformas como la mejora de las condiciones de los trabajadores, la igualdad salarial para las mujeres y la introducción de ideales socialistas. A lo largo de su vida, Frida defendió con pasión sus comunidades políticas y sus principios se vieron reforzados por su relación con Diego Rivera. En la década de 1930, la pareja convenció al presidente mexicano Lázaro Cárdenas para que concediera asilo político a Trotski y a su esposa Natalia Sedova. Los rusos exiliados se instalaron en casa de Frida y Diego; Trotski se encaprichó de Frida y ambos vivieron un romance. Con el tiempo, Diego se enemistó con Trotski por diferencias políticas y volvió a simpatizar con Stalin.

DUALIDAD

de

La vida frente a la muerte, lo masculino frente a lo femenino, la luz frente a la oscuridad, lo antiguo frente a lo moderno: si hay algo que definió la obra de Frida Kahlo fue su constante obsesión por la dualidad. Una dualidad que se manifestaba en muchos aspectos de su vida: el ateísmo de su padre y la devota religiosidad de su madre; su herencia europea frente a la mexicana; su disposición natural a la alegría, el humor y el entusiasmo por la vida frente al continuo dolor físico que sufría. Esta dualidad la expresa de manera contundente en *Las dos Fridas* (1939), un cuadro que pintó cuando su matrimonio con Diego se desmoronaba. En él, Frida se representa a sí misma en dos versiones. Una Frida vestida con ropa europea, tiene el corazón roto y expuesto, y en la mano sostiene unos fórceps ensangrentados. La otra, lleva un traje tradicional mexicano y sujeta un pequeño retrato de Diego, su corazón expuesto está entero. Frida se muestra dividida en dos: quizás la Frida europea frente a la Frida tehuana, o tal vez la Frida a la que Diego amaba frente a la Frida de la que Diego se divorció.

La obsesión de Frida por la dualidad es un reflejo de la cultura y la mitología mexicanas. La vida y la muerte, la luz y la oscuridad, el pasado y el presente, el día y la noche, lo masculino y lo femenino, son solo algunas de las dicotomías que la artista empleó en su obra.

A veces Frida expresaba su dualidad a través de seres compuestos. En *Diego y Frida* (1944), se retrató junto a Diego como si ambos fueran dos mitades de un todo, mientras que en *Autorretrato como tehuana* (1943) y *Diego y yo* (1949), Diego aparece superpuesto sobre ella, sugiriendo una existencia simbiótica o dual.

El sentido de dualidad de Frida puede ser fruto de su accidente. Su amiga Lola Álvarez Bravo opinaba que Frida se convirtió en dos personas distintas ese día: «La lucha entre las dos Fridas, la muerta y la viva, se estaba llevando a cabo siempre dentro de ella».

Muchos de los cuadros de Frida muestran cómo está atrapada entre dos mundos. En *Autorretrato en la frontera entre México y Estados Unidos* (1932), Frida está de pie en la frontera entre su país natal y Estados Unidos. El Sol y la Luna aparecen en el cielo del lado mexicano del cuadro, que está lleno de plantas y flores; el lado estadounidense está dominado por las chimeneas y las fábricas. Frida se encuentra atrapada en medio, pero no hay duda de hacia qué lado siente más lealtad.

D

también de

Detroit

Frida y Diego se instalaron en Detroit en 1932, cuando el Instituto de Arte de Detroit encargó a Diego una serie de murales sobre la industria moderna. Frida, sin embargo, no se adaptó a la ciudad: «No me gusta nada», escribió a su médico. «La parte industrial de Detroit es realmente lo más interesante, lo demás es como en todo Estados Unidos, feo y estúpido.»

Divorcio

La relación de Frida con Diego fue tumultuosa: pasional, airada, llena de traiciones y reconciliaciones. En 1939, tras diez años de matrimonio, iniciaron los trámites del divorcio. Cuando le preguntaron a Frida por el motivo, su respuesta fue imprecisa, citando «razones íntimas, causas personales difíciles de explicar». Pero el divorcio no duró demasiado: el 8 de diciembre de 1940, el día del 54 cumpleaños de Diego, volvieron a casarse.

Diario

El diario que Frida conservó desde mediados de la década de 1940 es una obra de arte en sí misma por sus dibujos, bocetos a pluma, pinturas al gouache, poesía surrealista y numerosos autorretratos. Rinde además un sentido homenaje a su vínculo con Diego a través de todas las emociones que experimentó durante su relación: euforia, traición, devoción, deseo, anhelo y alegría.

Desnudez

Pese al malestar que le producía su cuerpo, Frida solía representarse desnuda en sus pinturas, a veces para evocar una sensación de intimidad, otras para escandalizar, otras de forma realista y otras veces como un guiño astuto. La representación de su cuerpo desnudo nunca se centra en la mirada masculina. Se retrataba a sí misma tal y como se veía: rota, imperfecta, vulnerable.

también de

Epilepsia

Frida no era la única en su familia que vivía con una discapacidad: su padre, Guillermo Kahlo, desarrolló epilepsia tras sufrir lesiones cerebrales en una caída. Debido a esta experiencia compartida, Frida y su padre forjaron un vínculo especial: aunque él quería a todos sus hijos, dicen que ella era su favorita.

Enagua

Las faldas largas tan características de Frida se llaman enagua y forman parte de la vestimenta tradicional de las mujeres indígenas tehuanas de México. Frida no solo las usaba por una cuestión estética, sino también porque las faldas largas y fluidas cubrían su pierna atrofiada por la poliomielitis y su movimiento elegante y oscilante ayudaba a disimular su cojera. Tal fue su importancia en la vida de Frida que sus atuendos aparecen sin cuerpo de manera simbólica en cuadros como *Allá cuelga mi vestido* (1933) y *Recuerdo, el corazón* (1937) sustituyendo a la propia Frida.

Enfermedad crónica

Frida contrajo la polio a los seis años. Su pierna derecha se atrofió y quedó para siempre más delgada y corta que la izquierda. A raíz de su enfermedad, se convirtió en una niña introvertida que vivía en un mundo de amigos imaginarios creado por ella misma. De adulta, Frida transformó la experiencia de vivir con la enfermedad y el dolor crónico en arte: así, era libre de crear un mundo sin límites.

Además de la escuela, Frida se formó mediante el trabajo: ayudó a su padre en su estudio fotográfico, estudió taquigrafía y mecanografía para poder trabajar en una biblioteca y realizó un aprendizaje de grabado en una imprenta comercial.

Frida escribió: «Comencé a pintar… por puro aburrimiento de estar en cama durante un año, después de sufrir un accidente en el que me fracturé la espina dorsal, un pie y otros huesos. Tenía entonces dieciséis años y mucho entusiasmo por estudiar la carrera de medicina. Pero todo lo frustró el choque entre un autobús de Coyoacán y un tranvía de Tlalpan.»

De niña Frida practicaba todo tipo de deportes: desde fútbol y boxeo hasta natación y ciclismo, incluso cuando se consideraban actividades poco habituales para una niña.

En la escuela, Frida mostró interés por la biología, la literatura y el arte. No era una estudiante especialmente aplicada, pero conseguía sacar buenas notas gracias a su inteligencia natural.

E de EDUCACIÓN

La educación de Frida Kahlo comenzó en casa. Su madre, Matilde Calderón y González, le enseñó las habilidades domésticas tradicionales, como cocinar, limpiar, coser, bordar y mantener un hogar bonito y funcional. En cambio, los intentos de Matilde de inculcar a su hija la devoción religiosa resultaron menos exitosos: Frida siguió el ejemplo de su padre, que era ateo. En 1922, se matriculó en la Escuela Nacional Preparatoria, considerada la mejor institución educativa de México, donde eligió una formación enfocada a la carrera de medicina. Entre más de 2000 alumnos, Frida era una de las 35 mujeres que estudiaban en la escuela. No tardó en hacerse con un grupito formado por siete chicos y dos chicas conocidos como «Los Cachuchas». Fue durante sus años escolares cuando conoció a Diego Rivera, a quien le habían encargado un mural para el auditorio de la escuela. Por aquel entonces, Diego tenía 36 años, estaba casado con Lupe Marín y ya era uno de los artistas más famosos de México, mientras que Frida era una estudiante de 15 años. Según la leyenda, ella se enamoró inmediatamente de él y declaró a sus amigos que un día tendría un hijo suyo. Pero no fue hasta 1928 cuando ambos se conocieron de verdad.

ARTE FOLCLÓRICO

de

Frida Kahlo creció en una época de cambios volátiles en México. Después de la Revolución mexicana, se produjo un renovado interés por el arte precolombino, junto con el arte creado por la clase trabajadora y los artefactos y artesanías indígenas tradicionales. Frida y Diego coleccionaron ídolos antiguos toltecas, mayas y aztecas; y llenaron su casa de arte popular –arte folclórico tradicional mexicano– como extrañas criaturas de papel maché llamadas alebrijes, retablos devocionales pintados sobre metal, estatuas decorativas de terracota, textiles bordados y juguetes para niños. En el México de la posrevolución, estos objetos no se consideraban simples curiosidades o baratijas, más bien representaban una forma de arte accesible y libre de los «valores elitistas» de la tradición europea. Una obra como *Cuatro habitantes de México* (1938) refleja el amor de Frida por el arte popular. La artista se pintó a sí misma de niña acompañada de cuatro figuras: un ídolo precolombino de Nayarit, una figura de Judas, un esqueleto de barro y un jinete de paja. Cada figura estaba inspirada en un objeto mexicano que Frida y Diego poseían; y cada una representaba una faceta de la identidad mexicana.

Al igual que los retablos tradicionales, muchos de los cuadros de Frida son de dimensiones reducidas y están pintados sobre láminas de metal; y algunos incluyen un pergamino en el que se escribe un texto explicativo. Eso sí, ella siempre les daba su propio giro: en *El suicidio de Dorothy Hale* (1938), por ejemplo, subvirtió el género mostrando una tragedia en lugar de la habitual representación de un milagro.

Para Frida, coleccionar arte popular encajaba con sus ideas políticas de izquierdas. Era una forma de solidarizarse con el pueblo, de rechazar el arte de la burguesía y apoyar el arte creado por los trabajadores, un arte accesible para todos.

Otras dos obras de Frida que incluyen elementos del arte folclórico son *Niña con máscara de muerte* (1938) y *La mesa herida* (1940); ambos cuadros incorporan objetos de arte popular como figuras de Judas, máscaras y juguetes tradicionales.

también de

Films

La vida de Frida ha sido inmortalizada en el cine varias veces. Una de las primeras fue con el documental *The Life and Death of Frida Kahlo* de Karen y David Crommie, un film de 40 minutos que sirvió para dar a conocer a Frida a un nuevo público en los años sesenta y setenta. Asimismo, la película en español *Frida, Naturaleza Viva* (1983) y la superproducción en inglés *Frida* (2002) también contribuyeron a aumentar su reputación.

Los Fridos

En 1943, Frida comenzó a dar clases de arte en la Escuela de Pintura y Escultura de la Secretaría de Educación Pública, más conocida como La Esmeralda. Cuatro alumnos —Arturo García Bustos, Guillermo Monroy, Arturo Estrada y Fanny Rabel— sentían especial devoción por ella y se les conocía como Los Fridos. El grupo realizó varios murales al aire libre por toda la ciudad y pasó a formar parte del colectivo de Jóvenes Artistas Revolucionarios, una organización encargada de llevar el arte al pueblo. Los Fridos se dedicaron a autentificar la obra de Frida.

Funeral

Frida murió en la madrugada del 13 de julio de 1954. Esa noche, trasladaron su cuerpo al Palacio de Bellas Artes de la Ciudad de México y luego lo llevaron en una procesión de unos 500 dolientes al crematorio del Panteón de Dolores. Los últimos momentos de Frida tuvieron un carácter surrealista, casi mítico. Los testigos afirman que, al entrar en el horno crematorio, el intenso calor hizo que su cuerpo se incorporara y su pelo ardiente sobresaliera de su rostro como un halo de fuego. Dicen que parecía estar sonriendo.

G

también de

Alejandro Gómez Arias

En su adolescencia, Frida se ena-moró de Alejandro Gómez Arias, un compañero de la Escuela Na-cional Preparatoria. Alejandro es-taba con ella cuando sufrió el te-rrible accidente y para él pintó su primer autorretrato. Fueron aman-tes durante varios años hasta que Frida se enamoró de Diego Rive-ra. Pero ambos continuaron sien-do amigos de por vida.

Gangrena

En 1950, el médico de Frida le diagnosticó una gangrena y reco-mendó la amputación de los de-dos del pie. Por desgracia, cuando se sometió a la operación, la in-fección se había extendido y hubo que amputar toda la pierna. Des-de entonces, Frida utilizó una silla de ruedas y aprendió a caminar con muletas y una prótesis.

Género

Frida era una mujer poco conven-cional en una época y una cultura marcadas por los estrictos roles de género. Pese a ello, siempre hizo todo según sus propios tér-minos (incluida la forma en que mantuvo su matrimonio con Die-go): siguió estudiando, se tomó su arte muy en serio, se vistió li-bremente con ropa de hombre, trabajó para conseguir su inde-pendencia económica y tuvo rela-ciones amorosas tanto con hom-bres como con mujeres.

Edward Goldenberg Robinson

Edward G. Robinson fue un actor conocido por interpretar a gánste-res y tipos duros. Era también un apasionado coleccionista de arte. En la década de 1930, viajó a Ciu-dad de México y visitó a Diego en su estudio, donde conoció la obra de Frida. Adquirió cuatro cuadros de ella por 200 dólares cada uno, convirtiéndose así en uno de sus primeros compradores.

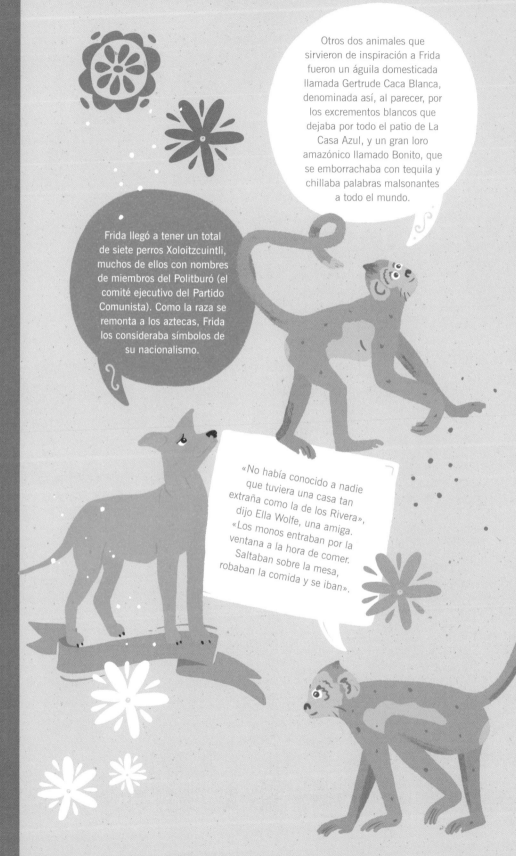

Otros dos animales que sirvieron de inspiración a Frida fueron un águila domesticada llamada Gertrude Caca Blanca, denominada así, al parecer, por los excrementos blancos que dejaba por todo el patio de La Casa Azul, y un gran loro amazónico llamado Bonito, que se emborrachaba con tequila y chillaba palabras malsonantes a todo el mundo.

Frida llegó a tener un total de siete perros Xoloitzcuintli, muchos de ellos con nombres de miembros del Politburó (el comité ejecutivo del Partido Comunista). Como la raza se remonta a los aztecas, Frida los consideraba símbolos de su nacionalismo.

«No había conocido a nadie que tuviera una casa tan extraña como la de los Rivera», dijo Ella Wolfe, una amiga. «Los monos entraban por la ventana a la hora de comer. Saltaban sobre la mesa, robaban la comida y se iban».

G de GRANIZO

Frida Kahlo adoraba los animales y la naturaleza. En La Casa Azul tenía todo tipo de animales: perros, gatos, monos araña, patos, loros, águilas, tortugas, pavos e incluso un ciervo llamado Granizo (probablemente porque sus manchas blancas le recordaban a las piedras del granizo). Frida solía pintar a sus mascotas en sus autorretratos y otras pinturas: Granizo aparece en *La mesa herida* (1940) y se funde con Frida en *El venado herido* (1946), mientras que su perro favorito, el Señor Xólotl, quedaría inmortalizado en varios cuadros, como *El abrazo de amor del Universo, la Tierra, yo, Diego y el señor Xólotl* (1949). Los monos araña eran su mayor obsesión: pintó un total de ocho autorretratos con estos animales, usando como modelos a sus favoritos: Fulang-Chang y Caimito de Guayabal.

H

de

HENRY FORD HOSPITAL

El 21 de abril de 1932, Frida Kahlo y Diego Rivera llegaron a Detroit. El Instituto de Arte de Detroit había encargado a Diego una serie de murales centrados en la industria moderna. Frida acababa de quedarse embarazada y, aunque consideró la posibilidad de abortar debido a sus continuos problemas físicos, ansiaba tanto tener un bebé que decidió seguir adelante con el embarazo. Diez semanas más tarde, la noche del 3 de julio, comenzó a sangrar profusamente. A primera hora de la mañana siguiente estaba claro que había abortado y la trasladaron en ambulancia al hospital Henry Ford de la ciudad. El aborto afectó su estado físico y emocional: pasó 13 días en el hospital con un dolor terrible, llorando la pérdida de su bebé e intentando aceptar el hecho de que tal vez nunca podría tener hijos. Pero también quería trabajar. Pidió lápiz y papel y, copiando de un libro de medicina, realizó varios estudios minuciosos de un feto masculino. Ese mismo mes, terminó de pintar el cuadro *Henry Ford Hospital* (1932).

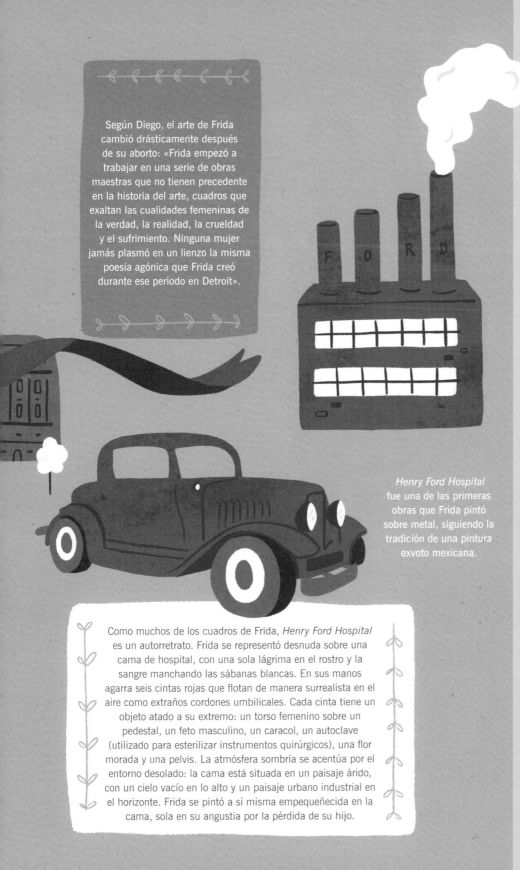

Según Diego, el arte de Frida cambió drásticamente después de su aborto: «Frida empezó a trabajar en una serie de obras maestras que no tienen precedente en la historia del arte, cuadros que exaltan las cualidades femeninas de la verdad, la realidad, la crueldad y el sufrimiento. Ninguna mujer jamás plasmó en un lienzo la misma poesía agónica que Frida creó durante ese periodo en Detroit».

Henry Ford Hospital fue una de las primeras obras que Frida pintó sobre metal, siguiendo la tradición de una pintura exvoto mexicana.

Como muchos de los cuadros de Frida, *Henry Ford Hospital* es un autorretrato. Frida se representó desnuda sobre una cama de hospital, con una sola lágrima en el rostro y la sangre manchando las sábanas blancas. En sus manos agarra seis cintas rojas que flotan de manera surrealista en el aire como extraños cordones umbilicales. Cada cinta tiene un objeto atado a su extremo: un torso femenino sobre un pedestal, un feto masculino, un caracol, un autoclave (utilizado para esterilizar instrumentos quirúrgicos), una flor morada y una pelvis. La atmósfera sombría se acentúa por el entorno desolado: la cama está situada en un paisaje árido, con un cielo vacío en lo alto y un paisaje urbano industrial en el horizonte. Frida se pintó a sí misma empequeñecida en la cama, sola en su angustia por la pérdida de su hijo.

H
también de

Huipil

El huipil es una blusa holgada de corte cuadrado, generalmente de algodón y a menudo bordada con motivos elaborados. Como toda la ropa de Frida, esta prenda cumplía una doble función: por un lado, reflejaba su amor por la cultura mexicana precolombina y, por otro, le permitía disimular con elegancia los corsés ortopédicos que debía llevar para mantener su columna vertebral fracturada en su sitio.

Dorothy Hale

En 1938, Clare Boothe Luce encargó a Frida que pintara un retrato de su amiga Dorothy Hale, una bella mujer de la alta sociedad neoyorquina que se había suicidado. En lugar de un retrato tradicional, Frida decidió representar el suicidio de Dorothy en tres fases: primero, al precipitarse por el balcón de un edificio alto; luego, en plena caída; y finalmente, muerta en el suelo, con su sangre derramándose por los límites del lienzo y sobre el marco del cuadro. Cuando Frida le entregó el cuadro terminado, Clare quedó horrorizada y quiso destruirlo. Por suerte, la convencieron para que no lo hiciera y el cuadro se salvó.

I

también de

Infidelidad

El matrimonio de Frida y Diego fue poco convencional. Diego era un mujeriego empedernido que se acostaba con modelos, actrices, asistentas e incluso con la hermana de Frida, Cristina. Por su parte, Frida mantuvo sus propios romances con León Trotski, Nickolas Muray, Isamu Noguchi, Chavela Vargas, José Bartolí y Heinz Berggruen, por nombrar solo algunos.

Amiga imaginaria

A raíz de la poliomielitis, Frida pasó de ser una niña extrovertida y traviesa a una muchacha mucho más introvertida. Fue en esa época cuando tuvo una amiga imaginaria. «Debo haber tenido seis años cuando viví intensamente la amistad imaginaria con una niña… de mi misma edad más o menos», escribió en su diario. «Han pasado 34 años desde que viví esa amistad mágica y cada vez que la recuerdo se aviva y se acrecienta más y más dentro de mi mundo.»

La Frida Kahlo india

Las vidas de Frida y de la artista Amrita Sher-Gil comparten algunas similitudes. Amrita provenía de una familia de origen mixto: su padre era un sij indio y su madre una judía húngara. Ya desde muy joven tenía claras sus ideas y la expulsaron de su colegio de monjas tras declararse atea. Sentía afinidad por la clase trabajadora y mantuvo relaciones amorosas con hombres y mujeres. Se convirtió en una artista de gran talento reconocida actualmente como pionera del arte moderno. No es de extrañar que a veces la llamen «la Frida Kahlo india».

Más de seis décadas después de su muerte, Frida representa muchas cosas para una gran variedad de personas. Se ha convertido en un icono para las feministas, la comunidad LGBTIQ+, las personas con discapacidad, los socialistas (y, en general, la izquierda política) y también para los enfermos crónicos.

Aunque no está claro si Frida se identificaba con algún colectivo marginado, el hecho de que se negara a ser silenciada y el modo en que imponía su estilo personal hablan por sí solos. A veces se la consideraba una persona difícil, lo cual es otra forma de decir que sabía exactamente lo que quería de la vida.

La amiga de Frida, Gisèle Freund, la describió como una persona que amaba la vida y detestaba la pretensión. «Toda su personalidad irradia una inteligencia viva, un espíritu profundamente humano y una vitalidad exuberante», dijo. «Odia todo lo esnob, cualquier cosa falsa, convencional o afectada.»

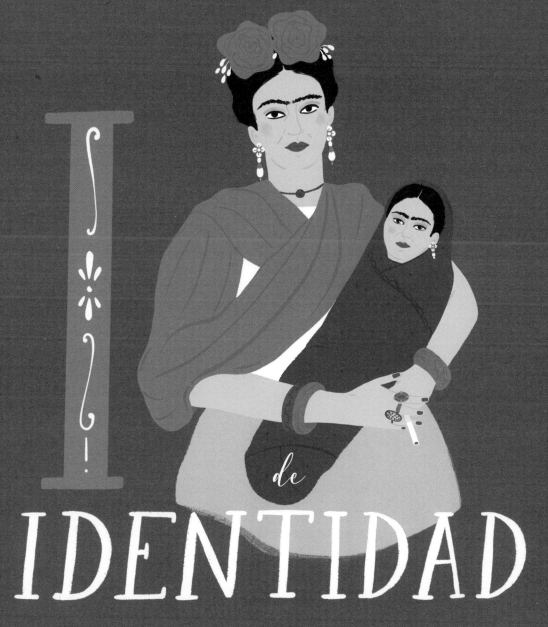

I de IDENTIDAD

Para Frida, los hechos de su vida eran solo un punto de partida; ella misma adornaba y alteraba libremente su historia para adaptarla a su narrativa personal. Decía que había nacido en 1910 (y no en 1907) para que su fecha de nacimiento coincidiera con el inicio de la Revolución mexicana. Cambiaba la ortografía de su nombre (a veces se llamaba Frida y otras Frieda) o incluso se hacía llamar Carmen. Además, aseguraba tener ascendencia judía por el lado paterno. Si su padre, Guillermo Kahlo, era realmente judío o no, sigue siendo objeto de debate entre los expertos (es posible que Frida inventara su origen judío-húngaro para desviar la atención de su ascendencia germana durante la Segunda Guerra Mundial). En una época en la que cualquier tipo de diferencia se miraba con recelo, Frida, como mujer mestiza, bisexual y con discapacidad, no huyó de lo que era, más bien, lo aprovechó. Consciente del poder de la imagen, supo construirse la suya propia sin dejar que la realidad se interpusiera en el camino de una buena historia.

Frida Kahlo solía llevar joyas en casi todas las partes de su cuerpo: decoraba su pelo con peinetas, usaba pendientes elaborados y múltiples collares, lucía sus brazos llenos de brazaletes y los dedos cubiertos de anillos. Le gustaban tres estilos distintos de joyas: las piezas antiguas y pesadas, por lo general de jade o piedra, que databan de la época precolombina; la joyería delicada de la región, sobre todo de oro, que complementaba su vestimenta tradicional tehuana; y las joyas contemporáneas de plata hechas por diseñadores y artesanos locales. Tenía la habilidad de mezclar estas piezas con la bisutería que coleccionaba durante sus viajes y, como señalaba su amiga Lucienne Bloch, de un modo u otro «conseguía que se vieran fantásticas». Su buen ojo para las joyas es legendario y su colección es una muestra de su gusto tan especial: con brazaletes tallados en los bordes de grandes conchas, un colgante precolombino que tiene forma de criatura alada, un collar largo de oro con una moneda americana de 20 dólares de 1903 y un juego de pendientes con forma de manos que le regaló Pablo Picasso.

J

de

JOYAS

Diego solía comprar baratijas para que Frida las luciera y la colmó de joyas durante todo su matrimonio. A ella le gustaba especialmente un pesado collar de jade precolombino, con el que se pintó en varios de sus autorretratos.

Frida atesoró una enorme cantidad de joyas en vida, pero lo cierto es que la mayor parte se ha perdido. Se dice que, tras su muerte, sus amigos y admiradores estaban tan desesperados por hacerse con algo que le perteneciera que se apoderaron de las joyas de su cuerpo cuando lo colocaron para su incineración.

Como Frida acostumbraba a llevar varias piezas de joyería, decían que cuando se movía «tintineaba como un caballero con armadura».

J

también de

Julien Levy Gallery

En 1938, Frida expuso por primera vez en solitario en la galería Julien Levy de Manhattan. La muestra incluía 25 cuadros y estaba acompañada de un ensayo escrito por André Breton. El comunicado de prensa describía su obra como «de una franqueza e intimidad femeninas inusuales» y señalaba que era «de una importancia decisiva» y que suponía «una amenaza incluso para los laureles de su distinguido marido». La exposición recibió cobertura (no siempre positiva) en el *New York Times*, *Vogue* y la revista *Time*; y se vendieron cerca de la mitad de los cuadros, una cifra extraordinaria para los años de la Depresión.

Efigie de Judas

Frida y Diego concebían el arte popular mexicano como auténticas obras de arte y no como simples cacharros u objetos curiosos, de ahí que llenaran La Casa Azul de artesanía y objetos tradicionales. Entre ellos se encontraban varias efigies de Judas, grandes figuras de papel maché, a veces modeladas como diablos o esqueletos, las cuales se hacían explotar o se quemaban en las fiestas populares como acto de purificación. La Casa Azul contaba con efigies de Judas expuestas junto al arte de Frida y Diego, colgando del techo o incluso sobre el dosel de la cama de Frida.

Joséphine Baker

Joséphine Baker fue bailarina, actriz, espía secreta del ejército francés e inventora de la famosa «Danse Sauvage» (danza salvaje), un baile que interpretaba con una minifalda de plátanos artificiales. Frida y Joséphine se conocieron en París en 1939 y, aunque no existen pruebas sólidas, se rumorea que Joséphine fue una de las muchas amantes de Frida.

también de

Wassily Kandinsky

Si los surrealistas y el mundo del arte parisino quedaron encantados con Frida durante su visita en 1939, parece que a ella no le impresionaron tanto. «No te imaginas lo perra que es esta gente», escribió en una carta a Nickolas Muray. «Me da asco. Es tan "intelectual" y corrompida que ya no la soporto.» La excepción, en cambio, fue Wassily Kandinsky. El artista era un gran defensor de la obra de Frida, de la que dijo que tenía un «fuerte tono surrealista» y la describió como una mujer «muy encantadora». Diego contó que en la inauguración de la exposición de Frida, Kandinsky quedó «tan conmovido con las pinturas de Frida, que delante de todos, en la sala de exposiciones, la alzó en brazos y la besó en las mejillas y la frente mientras corrían por su rostro lágrimas de pura emoción».

Matilde Calderón nació en la región mexicana de Oaxaca. Frida abrazó la herencia indígena mexicana de su madre y a la vez adoptó la vestimenta tradicional tehuana como símbolo de su nacionalismo.

Matilde murió en 1932 tras padecer un cáncer de mama y cálculos biliares, mientras que Guillermo falleció en 1941.

Tras el nacimiento de Frida, su madre enfermó y no pudo amamantarla, por ello Frida recibió los cuidados de una nodriza indígena. Más adelante, Frida llegó a considerar este hecho como una parte importante de su mitología personal, que simbolizaba su conexión con la cultura nativa mexicana.

En 1951, Frida pintó un retrato de su padre con la siguiente inscripción: «Pinté a mi padre Wilhelm Kahlo, de origen húngaro alemán, artista fotógrafo de profesión, de carácter generoso, inteligente y fino, valiente porque padeció durante sesenta años de epilepsia, pero jamás dejó de trabajar y luchó contra Hitler; con adoración, su hija Frida Kahlo.»

Como Frida no podía tener hijos, adoraba a los hijos de su hermana Cristina como si fueran suyos.

Frida se parecía a sus dos progenitores: «Tengo los ojos de mi padre y el cuerpo de mi madre».

K de

LA FAMILIA KAHLO

En 1891, Wilhelm Kahlo emigró de Alemania a México. Al poco tiempo de llegar obtuvo la nacionalidad mexicana y cambió su nombre por el de Guillermo. Se casó con una mexicana llamada María Cardeña en 1893, pero después de dar a luz a tres hijas, la madre falleció durante el parto de la tercera. Guillermo se casó con Matilde Calderón y González poco después de la muerte de María. Los dos eran muy diferentes: Guillermo era de ascendencia germano-húngara, con vocación artística y además ateo; Matilde, en cambio, era hispano-indígena mexicana, educada en el convento, analfabeta y sumamente religiosa. A pesar de ello, fue un matrimonio mayormente feliz de cuya unión nacieron cuatro hijas: Matilde, Adriana, Frida y Cristina. Frida era la hija preferida de Guillermo: solía usarla de modelo para sus fotografías; y a ella le gustaba pasar tiempo en el cuarto oscuro de su padre retocando placas e imágenes. Frida estaba muy unida a todas sus hermanas, pero sentía un cariño especial por su hermana menor, Cristina. Cuando Diego tuvo un romance con ella, Frida calificó esa aventura como «la mayor tristeza» de su vida. Tardó mucho tiempo en perdonar a su hermana; y aún más en perdonar a Diego. Con el tiempo, las hermanas solucionaron sus problemas y Cristina continuó siendo una de las personas más importantes en la vida de Frida.

LA CASA AZUL

La Casa Azul fue el lugar donde nació Frida Kahlo y donde vivió la mayor parte de su vida. La casa, situada en Coyoacán, en la esquina de las calles Londres y Allende, fue construida originalmente por Guillermo Kahlo al estilo colonial francés. Las dificultades económicas llevaron a la familia a estar a punto de perder la casa en varias ocasiones (incluso a veces, durante los años de escasez, recibían huéspedes de pago). Cuando Frida se casó con Diego, él pagó la hipoteca para que la familia pudiera seguir viviendo allí. Y tras la muerte de los padres de ella, la pareja renovó la casa y sus alrededores para reflejar su amor por la cultura mexicana: pintaron las paredes de un azul claro y brillante, modificaron el delicado jardín europeo por una exuberante selva de plantas tropicales, adoptaron una gran cantidad de animales y construyeron una pirámide de roca volcánica que decoraron con ídolos precolombinos. Frida y Diego no residieron en La Casa Azul durante todo su matrimonio; también vivieron en el extranjero, en las casas ubicadas en San Ángel, o por separado. No obstante, fue quizás donde se sintieron más a gusto. Tal vez por eso Frida prefirió instalarse en La Casa Azul cuando su salud empezó a flaquear: era el lugar donde quería vivir sus últimos días.

La entrada de La Casa Azul la custodiaban dos gigantescas efigies de Judas de papel maché. En el comedor, destacaba una exposición de cerámica antigua originaria de Puebla, Jalisco y Michoacán. Y el rellano de la escalera que conduce al estudio estaba decorado con una colección de más de 400 retablos.

TROTSKY
Su Moral
y la nuestra

Frida y Diego vivieron en esta casa 1929-1954

Cuando se inauguró el Museo Frida Kahlo en julio de 1958, las cenizas de Frida se encontraban en un saco sobre su cama, junto con una máscara mortuoria de yeso y su rebozo favorito; posteriormente, sus cenizas se colocaron en una tinaja precolombina con forma de mujer rotunda y sin cabeza. La máscara mortuoria se fundió en bronce y ahora se exhibe junto con la urna.

La casa, ahora abierta al público como Museo Frida Kahlo, se ha conservado con la misma esencia que tenía cuando Frida vivía en ella. Está llena de ropa, joyas, juguetes, muñecas, cartas, libros y arte, un recuerdo fiel de la vida que llevaba y de las cosas que eran más importantes para ella.

Abrumado por el dolor tras la muerte de Frida, Diego guardó bajo llave sus pertenencias en el baño de La Casa Azul y dio instrucciones de que la habitación permaneciera cerrada hasta 15 años después de su muerte. De hecho, la habitación se mantuvo intacta durante más de 50 años. Cuando finalmente se abrió a finales de 2003, aparecieron más de 6500 fotografías, 22 documentos y 300 prendas de vestir que pertenecieron a Frida.

L

también de

La Llorona

La Llorona es una figura trágica del folclore de Tehuantepec. Traicionada y abandonada por el hombre que amaba, la Llorona asesinó a sus hijos en su rabia y dolor y fue condenada a vagar por la tierra durante toda la eternidad. La historia toca temas de amor, infidelidad y dolor, por lo que no es de extrañar que Frida se viera reflejada en la fábula.

Jacqueline Lamba

Aunque Frida apenas soportaba a André Breton, estaba muy unida a la segunda esposa de él, Jacqueline Lamba. Como Frida, Jacqueline era pintora y, al igual que ella, su famoso marido la eclipsaba. «El problema con el señor Breton», dijo Frida una vez, «es que se toma demasiado en serio.» Jacqueline, en cambio, era tan alegre y encantadora como Frida. Las dos entablaron una amistad que se forjó mediante visitas entre México y Francia y numerosas cartas.

Julien Levy

Julien Levy, fotógrafo, marchante de arte y galerista, fue un gran impulsor de la obra de Frida Kahlo y organizó su primera exposición individual en Nueva York. Él quedó prendado de ella y puede que los dos tuvieran una aventura: una serie de fotografías que tomó de Frida trenzando su pelo, ataviada únicamente con sus faldas de tehuana y con el pecho desnudo como una mujer zapoteca, sugiere sin duda cierta intimidad entre ellos.

M

también de

Nickolas Muray

Frida tuvo un romance con el artista de origen húngaro Nickolas Muray. Se conocieron en México en 1931 y probablemente empezaron a verse de forma clandestina. Su romance prosperó en Nueva York y la pasión que sentían quedó registrada en todas las cartas que se intercambiaron: «No hagas el amor con nadie, si lo puedes evitar. Hazlo únicamente en el caso de encontrar una verdadera F. W. [fucking wonder] (maravilla para coger), pero no te enamores». Nickolas sacó muchas fotos de Frida: retratos en color, instantáneas en blanco y negro y una asombrosa documentación de su lucha física.

Adolfo Best Maugard

Adolfo Best Maugard fue un artista que ejerció una profunda influencia en el México posterior a la revolución. Contemporáneo de Diego Rivera, escribió varios libros pioneros sobre el arte precolombino y ayudó a implantar nuevos métodos de enseñanza en las escuelas de México. Sus ideas influyeron en toda una generación de artistas mexicanos, incluida Frida Kahlo.

Madonna

Madonna es una gran admiradora de la obra de Frida Kahlo. La reina del pop posee al menos dos cuadros de Frida: *Autorretrato con mono* (1940) y *Mi nacimiento* (1932). «Si a alguien no le gusta este cuadro», dijo Madonna a *Vanity Fair* en 1990 sobre este último, «entonces sé que no puede ser mi amigo».

Muñecas

A Frida le fascinaban tanto las muñecas que solía rescatarlas de los mercadillos, aunque estuvieran sucias y en mal estado, para cuidarlas como si fueran sus propias hijas. Algunas incluso contaban con certificados de bautismo simulados que nombraban a Frida como su madre.

La mezcla de orígenes indígenas y coloniales españoles se convirtió, tras la revolución, en un rasgo distintivo de México. Frida y Diego definieron esta identidad con el término «mexicanidad», un sentimiento de nacionalismo y orgullo por las artes y la cultura mexicanas, que miraba hacia un futuro posrevolucionario, moderno y visionario.

El legado de Frida es ahora parte integral de la cultura mexicana. Tras su muerte, Diego donó al pueblo de México La Casa Azul y su Museo Anahuacalli, los cuales se han convertido en museos públicos para el disfrute de todos. Además, tanto Frida como Diego aparecieron en el billete de 500 pesos de México desde 2010 hasta 2018, algo que, como comunistas comprometidos, probablemente les hubiera hecho gracia.

«Mi mayor deseo desde hace mucho tiempo ha sido viajar», escribió Frida en una carta a Alejandro Gómez Arias en 1927. Sin embargo, más adelante, cuando viajó, los otros países le resultaron alienantes. No le gustaba el capitalismo de Estados Unidos ni la bohemia afectada de Francia; en realidad, echaba mucho de menos México.

En el cuadro *Autorretrato en la frontera entre México y Estados Unidos* (1932), Frida sintetiza el concepto que tenía de su país: representa a Estados Unidos como un país industrial repleto de chimeneas y rascacielos, mientras que México aparece como un país felizmente agrario y lleno de plantas verdes y belleza natural.

M de MÉXICO

Los años de formación de Frida Kahlo transcurrieron en un México en plena transformación. Su infancia coincidió con los diez años de la Revolución mexicana, una época de violencia, inestabilidad y reformas radicales. En el cuadro *Cuatro habitantes de México* (1938), Frida se representó a sí misma de niña en una plaza «vacía, con muy poca gente» de un pueblo desolado «porque la revolución demasiado larga dejó un México desierto», dijo Frida. Durante las tres décadas de dictadura de Porfirio Díaz, el país tomó como referencia la cultura y las costumbres europeas. Las casas se construían con un elaborado estilo neoclásico, los restaurantes elegantes servían cocina francesa y las mujeres vestían a la última moda europea, mientras la cultura indígena mexicana era despreciada. Pero a principios de la década de 1920, tras la investidura del presidente Álvaro Obregón y el nombramiento de José Vasconcelos como ministro de Educación Pública, el ambiente cambió. Según dijo Vasconcelos, México volvería a construirse desde «nuestra sangre, nuestra lengua y nuestro pueblo». Frida se sumó a este sentimiento de afán reformista, a la vez que su amor por la cultura indígena mexicana influyó en todos los aspectos de su arte y de su vida.

N
de
NATURALEZA

Frida y sus plantas eran inseparables, tanto en la vida como en el arte. De niña, ella y su padre solían recoger en los parques de Coyoacán diversas especies de plantas para llevarlas a casa y dibujarlas, disecarlas o mirarlas a través del microscopio de Guillermo. Más adelante, llenaría el patio de La Casa Azul con plantas y flores nativas de México como cactus espinosos, chumberas, yucas, aloes, caléndulas doradas, buganvillas, fucsias de color intenso, girasoles, cinias y dalias. Adornaba su mesa y su cabello con flores y, además, le servían de inspiración para su arte. De hecho, en muchos de sus autorretratos, Frida se representa a sí misma rodeada de naturaleza –con flores, frutas, plantas, pájaros, insectos y animales– o incluso fundiéndose con ella. En 1944, escribió en su diario sobre el «milagro vegetal del paisaje de mi cuerpo»; y se pintó a sí misma haciendo brotar una vid en *Raíces* (1943). Este cuadro muestra a la artista reclinada en la tierra vestida con su traje de tehuana mientras una vid verde sale de su pecho y su sangre fluye hacia el suelo, formando raíces que nutren la tierra. Como escribe Hayden Herrera en su biografía de Frida «de este modo Frida se convierte en una fuente de vida, arraigada en la tierra reseca de México».

En una ocasión, Frida redactó un ensayo en el que describía a Diego en términos sorprendentemente animales. Sus ojos, dijo, eran como los de una rana y «viéndolo desnudo, de inmediato se piensa en un niño rana de pie sobre las patas traseras. Tiene la piel color blanco verdoso, como la de un animal acuático».

Las plantas, lejos de ser simples motivos decorativos, eran potentes símbolos de la identidad sexual y la política personal de Frida. Solía utilizar la fruta como metáfora sexual: pintaba guayabas, mangos, sandías, zapotes y mameyes cortados por la mitad, mostrando su interior abierto como si fueran los genitales femeninos.

Frida consideraba que todas las riquezas de la naturaleza poseían una especie de poder simbólico. «Las frutas son como las flores», dijo una vez. «Nos hablan en un lenguaje provocador y nos enseñan cosas que están escondidas»

también de

Nueva York

En 1931 Frida y Diego viajaron a Nueva York: Diego había recibido una invitación para exponer una retrospectiva individual en el Museo de Arte Moderno. A él le encantó la ciudad y el ambiente lujoso de la sociedad neoyorquina, en cambio a Frida la experiencia le pareció angustiosa. «La *high society* de aquí me cae muy gorda y siento un poco de rabia contra todos estos ricachones, pues he visto a miles de gentes en la más terrible miseria, sin comer y sin tener dónde dormir», escribió en una carta, «es espantoso ver a los ricos haciendo de día y de noche *parties*, mientras se mueren de hambre miles y miles de gentes».

Isamu Noguchi

El famoso escultor Isamu Noguchi fue otro de los amantes de Frida. «En vista de que se sabía muy bien que Diego era mujeriego, no se puede culpar a Frida por andar con hombres», dijo Isamu en una ocasión. «En esos días todos éramos más o menos activos en ese aspecto…» Tuvieron un romance corto pero apasionado que terminó, según la leyenda, cuando Diego descubrió un calcetín que Isamu había dejado en La Casa Azul y amenazó con disparar a su rival con una pistola.

Naturaleza muerta

En 1952 Frida comenzó a pintar bodegones. Las frutas y flores (así como muñecas, insectos y animales) eran sus elementos preferidos, representados con colores vivos y pinceladas cuidadosas. Solía añadir iconografía política o creaba dobles significados visuales: la fruta cortada recuerda los genitales femeninos y las plantas carnosas que explotan de estambres aluden al sexo y la fertilidad. «Los cuadros de Frida Kahlo de Rivera parecen D.H. Lawrence en un lienzo», escribió la revista *Vogue* en 1938, «todo fertilidad y sangre».

Burbank

Frida manifestó su pasión por la naturaleza con un retrato del científico y horticultor Luther Burbank. La artista, impresionada por sus híbridos de plantas y vegetales, lo pintó como un ser mitad hombre y mitad árbol, un ser compuesto que se nutre de la tierra y que un día volverá a ella.

Emmy Lou Packard, quien vivió con la pareja en San Ángel, dijo que «Frida convertía la mesa en una naturaleza muerta para Diego todos los días» colocando enormes ramos de flores que compraba en los mercados. Le gustaban especialmente las caléndulas, los lirios azules y blancos, las cinias rojas, las dalias, las calas y las violetas.

O

también de

Dolores Olmedo

Dolores Olmedo Patiño tenía 17 años cuando conoció a Diego en un ascensor de la Secretaría de Educación Pública. Entablaron una amistad que duraría toda la vida. Dolores se convirtió en una destacada coleccionista de arte y adquirió obras tanto de Diego como de Frida, a pesar de que chocaba con la artista. «No me llevaba bien con ella», declaró al *New York Times*. «A ella le gustaban las mujeres y a mí me gustaban los hombres, y yo no era comunista». A petición de Diego, Dolores se hizo cargo del patrimonio de ambos artistas tras la muerte de Diego en 1957.

Juan O'Gorman

Durante un tiempo Frida y Diego vivieron en una casa sorprendentemente moderna diseñada por Juan O'Gorman en el barrio de San Ángel. La residencia constaba de dos casas separadas unidas por un puente en la azotea. La parte de Diego, pintada de rojo, era grande y majestuosa, mientras que la de Frida era más pequeña, más íntima, y estaba pintada de azul. Más adelante, en 1943, Juan también diseñó Anahuacalli, un ambicioso estudio-museo construido para albergar la colección de arte precolombino de Diego.

Álvaro Obregón

En 1920, tras una década de revolución violenta, Álvaro Obregón asumió la presidencia en México y trajo consigo una reforma económica, social y política. Estableció la Secretaría de Educación Pública, instauró reformas educativas destinadas a enriquecer a las clases desfavorecidas e hizo construir miles de escuelas rurales y bibliotecas públicas. Obregón dio paso a una nueva era en México, en la que se valoraba la identidad mexicana y florecían el arte y la cultura.

Según Lucienne Bloch, Diego le contó una vez que Frida era «homosexual» y recordó que había «flirteado con Georgia» en la galería de Alfred Stieglitz en Nueva York.

Si bien ambas artistas pintaron imágenes sensuales de plantas y flores, Georgia siempre negó que su obra debiera interpretarse como una alusión al sexo. Para ella, sus cuadros eran simplemente una respuesta apasionada a la naturaleza.

¿Es la carta que escribió Frida para Georgia una prueba de algo más que una simple amistad entre ellas? Sin ser tan ardiente como otras cartas de amor de Frida, lo cierto es que en ella se aprecian algunas insinuaciones coquetas: «Pensé mucho en ti y nunca olvidé tus maravillosas manos y el color de tus ojos», escribió Frida. «Me haría muy feliz si pudieras escribirme aunque sea dos palabras. Me gustas mucho, Georgia», añadió al final.

GEORGIA O'KEEFFE

Georgia O'Keeffe y Frida Kahlo no solo fueron contemporáneas, también tenían mucho en común. Las dos eran artistas extraordinarias, pero la carrera profesional de sus maridos se tomaba más en serio que la suya propia. Se inspiraron en la naturaleza para expresar su sexualidad y sensualidad. Y ambas sufrieron problemas de salud: Frida, con sus múltiples dolencias físicas; y Georgia, con la depresión. Se conocieron a principios de la década de 1930 en Nueva York. En 1933, poco después de que Georgia fuera hospitalizada por una crisis nerviosa, Frida le escribió una sentida carta en la que expresaba su profunda admiración por la artista: «Todos los días desde que te llamé e incluso antes, hace meses, quise escribirte una carta. Te escribí muchas, pero cada vez parecían más estúpidas y vacías, así que las rompí». Frida escribió sobre lo que estaba haciendo en Detroit, sobre su trabajo, sobre las dificultades que había experimentado, y luego terminó su carta diciendo: «Si sigues en el hospital cuando vuelva, te llevaré flores, pero es tan difícil encontrar las que me gustarían para ti».

P de PRÓTESIS

Cuando abrieron el cuarto de baño de Frida Kahlo, más de 50 años después de su muerte, uno de los descubrimientos más sorprendentes fue su pierna protésica. Una prótesis de madera, pintada del color de la piel de Frida, con una abrazadera de cuero en la parte superior para fijarla al muslo. La pierna contaba con una delicada bota de cuero rojo con tacón de cuña, decorada con el bordado de un dragón de estilo chino en la pala y un par de cascabeles de plata, atados a los cordones con una cinta de color salmón, para que Frida hiciera música al caminar. Frida usó la prótesis desde 1953, cuando le amputaron la pierna a la altura de la rodilla, hasta su muerte, menos de un año después. Sin embargo, al principio la odiaba; solo se animó a usarla cuando le hicieron las bonitas botas de cuero y la pierna quedó preciosa. Con las botas, declaró Frida, «bailaría su alegría».

Carletto Tibón, escritor y amigo, recordaba haber ido a visitar a Frida a La Casa Azul: «Frida estaba muy orgullosa de sus botitas rojas. [...] Exclamó: "¡Estas maravillosas piernas! ¡Qué bien me sirven!" y bailó el jarabe tapatío con la pierna de madera».

La pierna protésica de Frida se expuso en la gran muestra *Frida Kahlo: Making Her Self Up*, del Victoria and Albert Museum de Londres, así como otros objetos personales, entre ellos diversos corsés de yeso y cuero, ropa de tehuana, maquillaje y cartas.

En el diario de Frida hay varias entradas que hacen referencia a su prótesis. En una de ellas, se dibujó a sí misma con crayones de colores vivos, de pie sobre su pierna artificial, con un mensaje de amor a Diego garabateado en la página. En otro dibujo, su pierna se reduce a un palo de madera (y recuerda el cruel apodo de su infancia, «Frida, pata de palo»), mientras que unas flechas señalan todos los lugares de su cuerpo donde fue operada.

Otra amiga, Mariana Morillo Safa, recordaba que Frida hablaba de su prótesis con un toque de humor negro: «Durante esa época estaba peleada con su antigua amiga Dolores del Río, y bromeó: "Como venganza, le mandaré mi pierna sobre una charola de plata"».

también de

Polio

Frida contrajo la polio cuando tenía seis años. La enfermedad provocó que el crecimiento de su pierna derecha se ralentizara, mientras que la otra seguía creciendo con normalidad. Para compensar la diferencia, llevaba en su pierna más delgada y corta tres o cuatro calcetines y un zapato con tacón para ocultar la asimetría. Su pierna derecha se fue deteriorando a lo largo de su vida con la aparición de úlceras y tumores. Además, desarrolló una gangrena que requirió la amputación de dos dedos del pie y luego de la pierna por debajo de la rodilla.

Emmy Lou Packard

En una ocasión Diego describió a Emmy Lou Packard como una mujer con «cara de ángel gótico francés que se hubiera bajado de los alto-relieves de Chartres». Emmy Lou, una talentosa artista que trabajó como su asistente y que más tarde se convirtió en muralista, era muy amiga de la pareja y vivió con ellos durante casi un año en San Ángel. En sus memorias inéditas, cuenta que Diego siempre parecía admirar a Frida, «a menudo él decía: "Es mejor pintora que yo"», escribió.

Peinados

Parte de la imagen tehuana de Frida consistía en sus elaborados peinados: casi siempre lucía el cabello trenzado al estilo tradicional de las mujeres zapotecas, adornado con flores, peinetas y cintas. A menudo llevaba ramilletes frescos de fucsias, buganvillas o geranios y trenzaba entre sus mechones vistosas madejas de lana o cintas de colores.

Q también de

Icono Queer

La vida de Frida estuvo marcada por relaciones intensas, sobre todo con Diego, pero al mismo tiempo con un sinfín de amantes, tanto hombres como mujeres. Supuestamente entre las mujeres que fueron sus amantes figuran Joséphine Baker, Georgia O'Keeffe, Chavela Vargas, Teresa Proenza, Dolores del Río, Paulette Goddard y María Félix, algunas de las cuales también estuvieron involucradas con Diego. De hecho, Diego favoreció las relaciones homosexuales de Frida porque las consideraba menos amenazantes para su masculinidad que sus aventuras con otros hombres.

Quinina

Frida deseaba desesperadamente tener un hijo con Diego, pero su salud le impedía llevar el embarazo a término. Pese a su educación católica, adoptó una actitud pragmática respecto al aborto. «Como por el estado de salud en que estoy creí que sería mejor abortar», escribió al Dr. Leo Eloesser desde Detroit tras consultar a un médico local sobre su estado. «Se lo dije, y me dio una dosis de quinina y una purga de aceite de ricino muy fuerte.»

Quexquémitl

El quexquémitl forma parte de la vestimenta tradicional de las mujeres indígenas mexicanas. Es una capa con los hombros cerrados que solía usarse durante los rituales de la época prehispánica, combinada con un huipil y una larga falda envolvente. Fiel a su pasión por la moda indígena mexicana, Frida llevaba muchas veces un quexquémitl procedente de Puebla decorado con símbolos de fertilidad.

«Pinto autorretratos porque muy a menudo estoy sola, porque soy la persona a la quien conozco mejor» – *Así*, 1945

«Quise ahogar mis penas en alcohol, pero las condenadas aprendieron a nadar.» – carta a Ella Wolfe, 1938

«Pies ¿para qué los quiero?, si tengo alas pa' volar» – entrada del diario, 1953

«No estoy enferma. Estoy destrozada. Pero soy feliz de vivir mientras tengo la capacidad de pintar.» – *Time*, 1953

«Pensaban que era surrealista, pero no estaban en lo cierto. Nunca pinté sueños. Pinté mi propia realidad.» – *Time*, 1953

¿QUÉ DIJO FRIDA KAHLO?

Frida Kahlo fue una mujer poética, honesta y con un sentido del humor negro; se atrevía a decir exactamente lo que pensaba. Hablaba español e inglés y era capaz de soltar tacos con destreza en ambos idiomas. Además, disfrutaba cuando los que la rodeaban se escandalizaban por su vocabulario vulgar e incluso, a veces, intentaba provocar con su ingenio de forma deliberada. Cuando ella y Diego estuvieron en Detroit, por ejemplo, se sentó en una cena junto al industrial y magnate de los negocios Henry Ford, un hombre con fama de antisemita. En un tono inocente, Frida le preguntó: «Mr. Ford, ¿es usted judío?». Hablaba con franqueza en persona y, más aún, en sus cartas y diarios, donde dejaba su corazón al descubierto en cada página. Sus escritos son el reflejo de una mujer que vivía todo con gran intensidad: amaba con pasión, sufría la pérdida profundamente y tenía opiniones sobre casi cualquier tema. Frida se expresaba tal y como pintaba: directamente desde el corazón, dando voz a los extraordinarios amores y tragedias que marcaron su vida.

R de

RELACIONES

«Sufrí dos accidentes graves en la vida», escribió Frida Kahlo una vez. «El primero ocurrió cuando me atropelló un tranvía… El otro accidente es Diego.» Diego María de la Concepción Juan Nepomuceno Estanislao de la Rivera y Barrientos Acosta y Rodríguez –más conocido como Diego Rivera– nació el 8 de diciembre de 1886. Comenzó a dibujar a una edad muy temprana. A los 12 años ya estudiaba por las noches en la Academia de San Carlos de Ciudad de México, donde luego obtuvo una beca para estudiar a tiempo completo con maestros como Félix Parra, Santiago Rebull y José María Velasco. Pronto se convirtió en uno de los artistas más famosos de México. Era un hombre con mucho apetito: por las mujeres, por la comida, por la fama, por la política, por su trabajo… Cuando Frida lo conoció, él ya tenía hijos de tres mujeres diferentes, dos de ellas sus esposas. Diego era mucho más alto que Frida, pesaba tres veces más que ella y le doblaba la edad. No es de extrañar que la familia de Frida se quedara perpleja ante su unión, calificando a la pareja como «el elefante y la paloma».

Diego quedó devastado por la muerte de Frida. En su autobiografía escribió: «El 13 de julio de 1954 fue el día más trágico de mi vida. Perdí a mi querida Frida, para siempre... Demasiado tarde me di cuenta de que la parte más maravillosa de mi vida había sido el amor que sentía por Frida».

Diego era un apasionado de Frida y creía fervientemente en su talento como artista. «Te la recomiendo, no como esposo, sino como admirador entusiasta de su obra», escribió a un coleccionista de arte antes de su exposición individual en Nueva York, describiendo su obra como «ácida y tierna, dura como el acero y delicada y fina como el ala de una mariposa, adorable como una sonrisa hermosa y profunda y cruel, como la amargura de la vida.»

Diego creía que la vida debía disfrutarse al máximo. «Toma de la vida todo lo que te dé, sea lo que sea, siempre que te interese y te pueda dar cierto placer», escribió a Frida cuando ella estaba en París. «Si de veras quieres hacerme feliz, debes saber que nada me puede dar más gusto que la seguridad de que tú lo eres.»

«Diego te quiere mucho, y tú a él», escribió el doctor Leo Eloesser a Frida cuando tuvo que hacer frente a la noticia del romance de Diego con su hermana Cristina. «También es cierto, y tú lo sabes mejor que yo, que tiene dos grandes amores aparte de ti: uno, la pintura, y dos, las mujeres en general. Nunca ha sido monógamo ni lo será jamás.»

Diego murió de cáncer tres años después de la muerte de Frida. En vida fue mucho más famoso que Frida. En la actualidad, es al revés.

R

también de

Rebozo

Rara vez se veía a Frida sin su rebozo, un gran chal que llevaba colgado sobre los hombros y que es una prenda tradicional de la vestimenta colonial mexicana. En algunas partes de México, un hombre regala a la mujer con la que desea casarse un rebozo en lugar de un anillo de compromiso, por lo que el rebozo de Frida era probablemente un símbolo de su devoción no solo a la cultura mexicana, sino también al propio Diego.

Retratos

Frida también solía pintar a quienes la rodeaban: amigos y familiares, personas a las que amaba, figuras a las que idolatraba. Diego ocupaba un lugar destacado, así como los miembros de su familia: pintó a sus hermanas Adriana y Cristina al principio de su carrera y, más tarde, inmortalizó a su padre. Asimismo, retrató a personas por las que sentía admiración, como sus médicos Leo Eloesser y Juan Farill, el botánico Luther Burbank y figuras políticas como Marx y Lenin.

Resplandor

Un resplandor es un tocado de encaje almidonado que suelen llevar las mujeres de la región del Istmo de Tehuantepec (en el sur de México) en ocasiones festivas como bodas, santos y procesiones. Frida poseía al menos un par y se pintó a sí misma con el dramático tocado en dos ocasiones.

Revlon

La marca de maquillaje preferida de Frida era Revlon. Usaba un colorete del tono «Clear Red» y una barra de labios de color rubí con el nombre «Everything's Rosy». Se pintaba las uñas con los colores «Raven Red», «Frosted Pink Lightning» y «Frosted Snow Pink». Y realzaba su uniceja con un delineador Revlon en el tono «Ebony».

S

también de

San Francisco

Frida y Diego viajaron a San Francisco en 1930. Mientras Diego trabajaba en sus murales, Frida exploraba la ciudad por su cuenta. Pero no se adaptó a los Estados Unidos de inmediato: «No me caen muy bien los gringos», escribió en una carta. «Son aburridos y tienen caras como bolillos sin hornear». En cambio, la gente de San Francisco quedaba cautivada por ella. «Causa mucha agitación en las calles de San Francisco», dijo el fotógrafo Edward Weston. «La gente se para en seco para mirarla, asombrada.»

Shocking

El perfume emblemático de Frida era «Shocking» de Elsa Schiaparelli. La fragancia hacía honor a su nombre: cuando salió al mercado provocó un escándalo porque su frasco se asemejaba a la figura de una mujer con forma de reloj de arena. El perfume se componía de notas de salida con aroma a jazmín y miel sobre una base de clavo y algalia; por eso, los amigos solían decir que si olían a miel y clavos, sabían que Frida estaba cerca.

Públicamente, Frida fomentaba que se asociara su obra con el surrealismo, aunque nunca se atribuyó el término para sí misma. «No sabía que yo era surrealista hasta que André Breton llegó a México y me lo dijo», dijo.

Breton describió la obra de Frida como «una cinta que envuelve una bomba».

En privado, Frida no quedó demasiado impresionada ante lo que encontró en Francia: los surrealistas le parecían burgueses y pretenciosos. «Preferiría sentarme a vender tortillas en el suelo del mercado de Toluca, en lugar de asociarme a estos despreciables "artistas" parisienses», escribió en una carta.

Frida afirmó que no se consideraba surrealista porque el movimiento era incompatible con sus ideales socialistas. «Odio el surrealismo», escribió, «me parece una manifestación decadente del arte burgués. Una desviación del verdadero arte que la gente espera recibir del artista... Quisiera ser merecedora, junto con mi pintura, de la gente a la que pertenezco y de las ideas que me dan fuerza».

S de SURREALISMO

En 1938 André Breton llegó a México, un país que más tarde definiría como «el lugar surrealista *par excellence*». El surrealista francés se sintió cautivado por lo que consideraba la cultura «exótica» de México e igualmente cautivado por Frida Kahlo: declaró que sus cuadros gozaban de un «surrealismo puro» e inmediatamente la calificó como una especie de surrealista ingenua cuya obra reflejaba de forma espontánea e independiente las ideas y preocupaciones del movimiento francés. En aquella época, el surrealismo estaba de moda y sus devotos en París se lo tomaban muy en serio. Pero Frida no. Una vez dijo: «utilizo el surrealismo como una manera de burlarme de los demás sin que se den cuenta, y de trabar amistad con los que sí se percatan de ello». La obra de Frida presentaba algunos puntos en común con el surrealismo, entre ellos el uso de asociaciones simbólicas y su enfoque en el cuerpo femenino; sin embargo, le interesaba menos el mundo subconsciente de los sueños y lo irracional que tanto entusiasmaba a los surrealistas. Aunque las sorprendentes imágenes de su obra parecen a veces un sueño surrealista, su objetivo, en realidad, era representar las extraordinarias circunstancias de su vida.

T de TRAJE DE TEHUANA

Frida Kahlo no siempre usó los extravagantes y coloridos trajes mexicanos por los que ahora es famosa. En su juventud, solía llevar ropa funcional para obreros, la cual encajaba con sus ideales comunistas (existen incluso fotografías de ella vestida con vaqueros). «En otra época me vestía de muchacho, con el pelo al rape, pantalones, botas y una chamarra de cuero», contó Frida en una ocasión, «pero cuando iba a ver a Diego me ponía mi traje de tehuana». Una vez casada con Diego, Frida pasó a usar casi exclusivamente la vestimenta tehuana. Siguiendo la moda tradicional de Oaxaca, la tierra de su familia materna, lucía unas faldas largas decoradas de forma muy elaborada, llamadas enagua, y unas blusas de corte cuadrado, llamadas huilpiles; además, adornaba su pelo trenzado con flores y lanas coloridas. Combinaba la ropa con largas cadenas de oro llamadas torzales, cuentas de coral y pendientes sofisticados. Mezclaba estas prendas con trajes regionales de otras partes de México y también de Guatemala y China. Estos trajes tradicionales sirvieron a Frida en muchos sentidos: las faldas y blusas largas disimulaban sus impedimentos físicos y los corsés que debía usar, pero también eran una muestra de su orgullo nacional. Las mujeres de Tehuantepec eran reconocidas en México por su belleza, valentía, fuerza e inteligencia, unas cualidades que sin duda describen a Frida Kahlo.

El estilo de vestir de Frida no siempre llamó la atención de forma positiva. Un amigo explicó que los niños de San Francisco encontraban su aspecto tan extravagante que la seguían por la calle y preguntaban: «¿Dónde está el circo?»

En 2018, el Victoria and Albert Museum inauguró la exposición *Frida Kahlo: Making Her Self Up*, una muestra de objetos personales y ropa de Frida. El museo vendió más de 20.000 entradas en preventa y batió su récord histórico con el mayor número de entradas vendidas en un solo minuto y en un solo día.

Los atuendos de Frida destacaban entre los estilismos de las mujeres estadounidenses de moda. «Las gringas realmente me quieren mucho y prestan mucha atención a todos los vestidos y rebozos que traje conmigo», escribió a su madre desde San Francisco. «Se quedan boquiabiertas al ver mis collares de jade y todos los pintores quieren que pose para ellos.»

también de

León Trotski

En los años 30, Diego y Frida solicitaron al presidente izquierdista de México, Lázaro Cárdenas, que concediera asilo político al revolucionario marxista León Trotski. Trotski y su esposa se instalaron en La Casa Azul como huéspedes y el ruso se enamoró inmediatamente de Frida. Ambos iniciaron un romance clandestino y Frida reflejó su admiración pintando un autorretrato dedicado a él. A pesar de que el romance había terminado, cuando Trotski fue asesinado unos años más tarde por un agente proestalinista, Frida fue declarada sospechosa. La policía la retuvo y la interrogó durante 12 horas.

Raquel Tibol

Raquel Tibol llegó a México en 1953 para colaborar con Diego en una exposición que estaba organizando y enseguida se sintió atraída por ayudar en el cuidado de Frida. «Le obsesionaba estar rodeada de cosas», afirmó Raquel en una entrevista con la BBC. «En su habitación tenía un armario con una puerta transparente lleno de juguetes y piezas de arte popular. Todo estaba en su sitio, tan ordenado. Aunque físicamente estaba hecha un desastre, todo en ella era ordenado y siempre iba muy bien arreglada». Raquel se convirtió en una destacada crítica e historiadora de arte y escribió varios libros sobre la vida y el arte de Frida.

Spencer Tunick

En 2007, el fotógrafo Spencer Tunick –famoso por organizar sesiones fotográficas multitudinarias con personas desnudas en espacios públicos– fotografió a 105 mujeres desnudas entre la frondosa vegetación del patio de La Casa Azul. Con sus cabellos trenzados como los de Frida, las mujeres rindieron un impactante homenaje tanto a la vulnerabilidad de la artista como a su espíritu rebelde.

Un misterio sin resolver

En 1940, Frida pintó una obra titulada *La mesa herida*. Se trata de su cuadro más grande y en él aparece sentada en una mesa rodeada de una surrealista selección de invitados: un esqueleto sonriente, una figura de arcilla precolombina, una enorme efigie de Judas con un ligero parecido a Diego Rivera, su sobrina y su sobrino, e incluso su ciervo doméstico, Granizo. *La mesa herida* se presentó por primera vez en 1940 en la Exposición Internacional de Surrealismo de Ciudad de México. Se exhibió tan solo en un puñado de ocasiones antes de que desapareciera en 1955, cuando se encontraba en ruta desde Varsovia para una exposición en Moscú. Existen tres fotos que documentan el cuadro, tomadas entre 1940 y 1944. Tras décadas de búsqueda, nunca lo han encontrado.

Estados Unidos

Durante los primeros años de su matrimonio, Frida y Diego vivieron un tiempo en San Francisco, Detroit y Nueva York. A Diego le encantaba Estados Unidos, pero Frida se mostraba ambivalente: la sociedad le resultaba alienante y echaba mucho de menos su México. Puede que esta sea una de las razones por las que empezó a lucir continuamente su inconfundible look de tehuana y se armó todo un armario de vestidos y accesorios, adoptando un estilo que afirmaba su orgullo nacional y la identificaba como la más mexicana de las mexicanas. Sin embargo, había algunos aspectos de la cultura estadounidense que sí le gustaban: la leche malteada, la compota de manzana y el queso americano, adoraba ir al cine (su película favorita era *Tarzán*) y solía pasar tiempo en Harlem empapándose de la floreciente cultura del jazz.

A Diego le fascinaba el vello facial de Frida, admiraba tanto su ligero bigote como su uniceja. Dijo que sus «oscuras cejas pobladas se unían arriba de su nariz. Parecían alas de mirlo, y sus arcos negros formaban un marco para dos extraordinarios ojos color café».

Que Frida rechazara depilarse el bigote puede que fuera incluso más atrevido que lucir su uniceja. En la realidad su vello facial era más discreto, pero a ella le gustaba exagerarlo en los cuadros, oscureciendo el labio superior como si quisiera imitar el prominente bigote de su padre.

Las atrevidas cejas de Frida fueron revolucionarias incluso en su época: en los años treinta y cuarenta, las mujeres a la moda preferían dos arcos muy finos y bien cuidados, mientras que el «look natural» se asociaba a la clase baja.

U de UNICEJA

De todos los rasgos de Frida Kahlo, el más famoso es sin duda el de sus cejas: tupidas, negras y ligeramente unidas en el centro. Su uniceja ha quedado inmortalizada en sus autorretratos, donde solía pintarla más pronunciada que en la vida real. «Su rostro ligeramente bronceado no era bonito, tal vez, según las normas establecidas, pero poseía –e incluso irradiaba– una belleza extraña y seductora», escribió Olga Campos, estudiante de psicología y amiga. «Tenía una habilidad especial para maquillarse y parecer natural, y empleaba mucho tiempo en conseguir este efecto... Sabía transformarse en una belleza excepcional, irresistible y única.» Parte del encanto de Frida consistía en realzar sus cejas, con la ayuda de un lápiz de cejas Revlon, sombreando el espacio entre ellas para que se fundieran de forma más marcada en el centro. También utilizaba un producto francés llamado Talika, que fomentaba el crecimiento del vello, de modo que Frida favorecía activamente el crecimiento de su uniceja para que fuera cada vez más resplandeciente.

V de VIVA LA VIDA

Un mes antes de morir, Frida Kahlo completó su último cuadro: un pequeño bodegón de sandías de colores vivos sobre un fondo azul intenso. Las piezas de sandía, maduras y jugosas, evocan la plenitud de la vida y el espíritu positivo de Frida: su alegría, su pasión y su convicción de que la vida debe vivirse al máximo. «Nada es más valioso que la risa», anotó en su diario, «se requiere de fuerza para reír y abandonarse a uno, para ser ligera. La tragedia es de lo más ridículo.» Pero, siguiendo la tradición de los cuadros de bodegones como *vanitas*, la fruta también representa la transitoriedad: las sandías, cortadas y troceadas, evocan la fugacidad de la vida y la certeza de la muerte. Ocho días antes de morir, Frida daba su último toque al cuadro con su firma y una frase en el trozo de sandía más grande y abundante que resumía perfectamente su forma de ver la vida: Viva la vida.

Incluso cuando se estaba muriendo, Frida encaraba la vida con un don para el espectáculo. Para la inauguración de su última exposición, cuando ya estaba demasiado enferma para mantenerse en pie, la llevaron a la galería en una camilla de hospital y la colocaron en su cama con dosel, instalada especialmente para la ocasión; así, presidió la velada como una reina desde su trono.

La obra de Frida a menudo trataba temas dolorosos —el dolor de su cuerpo, sus abortos, su desamor por Diego— pero nunca retrató la autocompasión. En lugar de resignarse, transformó su vida en un arte que reflejaba su fuerza y su espíritu indomable.

Curiosamente, al final de su vida, Diego Rivera también pintó un bodegón titulado *Las sandías*, en el que representa la misma fruta. Esta fue su última obra.

Aunque vivió toda su vida con dolor crónico, Frida llegó a entender el dolor como una parte necesaria de la existencia. Sus ganas de vivir eran legendarias y uno de sus amantes la describió como una persona «desenfrenada y apasionada». Ella misma resumió sus valores en su diario: «La angustia y el dolor, el placer y la muerte no son más que un proceso con el fin de existir».

«Su ser estaba hecho de amor a la vida», escribió Juan O'Gorman en un ensayo tras la muerte de Frida. «Amor al arte, amor a la materia, amor a México, amor a Diego, amor a su familia, amor a las piedras, amor a las plantas, amor a la gente… y lo convirtió en pintura.»

también de

Chavela Vargas

En los años cincuenta, Chavela Vargas era toda una sensación: una lesbiana que fumaba puros, llevaba una pistola, bebía tequila y vestía ropa de hombre. Cantaba rancheras apasionadas, canciones populares mexicanas que tradicionalmente cantaban los hombres sobre las mujeres que habían amado y perdido. Chavela se alojó en La Casa Azul con Frida y Diego y existe el rumor de que ella y Frida vivieron un romance. «Aprendí… secretos muy interesantes que nunca desvelaré, jamás», dijo una vez. «Éramos una gente que vivía día con día, sin un centavo, tal vez sin qué comer, pero muertos de la risa.»

Voz

¿Cómo era la voz de Frida? Quienes la conocieron dicen que su voz era profunda y un poco ronca, melodiosa y cálida, salpicada de carcajadas. En 2019, la Fonoteca Nacional de México sacó a la luz una grabación de voz de Frida extraída de un programa de radio de 1954 que a su juicio podría ser la única conocida. Pero otras personas, entre ellas miembros de la familia Kahlo, han cuestionado la grabación, asegurando que no era así como recordaban la voz de Frida.

José Vasconcelos

Destacado abogado y filósofo, José Vasconcelos fue nombrado ministro de Educación Pública tras el fin de la Revolución mexicana. Se embarcó en una misión para llevar la alfabetización y el arte al pueblo mediante la creación de nuevas bibliotecas, escuelas de arte al aire libre y murales públicos. En 1921 encargó a Diego Rivera que pintara un mural en la Escuela Nacional Preparatoria, de este modo Diego se cruzó en el camino de Frida Kahlo.

W

también de

The Wounded Deer
(*El venado herido*)

En 1946, durante su estancia en Nueva York, Frida se sometió a una operación en la columna vertebral. «Procedieron al arranque del cacho de pelvis para injertarlo en la columnata», escribió en una carta, donde también explicaba que le habían quedado dos enormes cicatrices en los omóplatos. En recuerdo de esta experiencia pintó *El venado herido*, un cuadro de un sorprendente carácter surrealista en el que Frida aparece con el cuerpo de un ciervo joven, rodeado de un bosque oscuro y verde. A semejanza del mártir católico san Sebastián, el cuerpo del venado está atravesado por flechas, pero el rostro de Frida permanece tranquilo. El cuadro expresa la eterna lucha de Frida contra el dolor, pero también refleja su deseo de integrarse en la naturaleza. De acuerdo con su mitología personal, la naturaleza representaba la vida, la fertilidad y la conexión, todo lo que ella quería para sí misma.

Weddings (Bodas)

Frida se casó dos veces en su vida, ambas con Diego. La primera boda de la pareja se celebró el 21 de agosto de 1929 mediante una ceremonia civil en el Ayuntamiento de Coyoacán. Frida vistió ropa sencilla de calle y un rebozo; Diego, en cambio, llevó un traje al estilo americano. Después hubo una gran fiesta en la que Diego se emborrachó, amenazó a alguien con una pistola y le rompió un dedo a un hombre. Su segunda boda, en 1940 –menos de un año después de su divorcio– tuvo lugar en San Francisco. Frida lució un traje español con una larga falda verde y blanca y un chal marrón. Esta vez no hubo ni banquete ni fiesta: en su lugar, Diego volvió directamente a trabajar en el mural que estaba pintando.

Hubo otros artículos condescendientes sobre el arte de Frida. «Los cuadros de la pequeña Frida, en su mayoría óleos en cobre, tienen la elegancia de las miniaturas, los vivos matices rojos y amarillos, propios de la tradición mexicana, y la juguetona y sangrienta fantasía de una niña poco sentimental», escribió un crítico de la revista *Time* tras su exposición en Nueva York en 1938.

En París, las críticas que recibió Frida fueron más favorables. Tras su exposición *Mexique* en 1939, comisariada por André Breton, un crítico de *La Flèche* elogió la sinceridad de su obra y señaló que en una época en la que «el engaño y la mentira están de moda, la probidad y el rigor imponentes de Frida Kahlo de Rivera nos muestran muchas pinceladas geniales».

NEW YORK

PARÍS

Wife of the Master Mural Painter Gleefully Dabbles in Works of Art

Frida oscilaba entre las dudas sobre su talento como pintora y la confianza suprema en sí misma. En 1932, mucho antes de ser famosa, un periodista le preguntó si también era pintora como su marido, ella respondió: «Sí, la mejor del mundo». Sin embargo, en privado, tenía inseguridades: en una ocasión describió sus cuadros como «pequeños y sin importancia» y le preocupaba que los temas personales a los que volvía una y otra vez no interesaran a nadie más que a ella misma.

W de

WIFE OF THE MASTER

(*La esposa del maestro*)

Cuando Frida Kahlo se casó con Diego Rivera en 1929, el artista no solo la empequeñecía físicamente sino también en términos de reputación. Ella estaba empezando como pintora, mientras que él era uno de los artistas más famosos de todo México. Si bien Diego creía en el talento de Frida y la instó a desarrollar su propio estilo desde el principio, la mayoría de la gente la consideraba simplemente la esposa de un gran pintor y no una artista por derecho propio. Nada lo ilustra mejor que un artículo sobre Frida publicado en el *Detroit News* en 1932. Aunque el artículo en sí es bastante halagador, pues señala que Diego no es «el único artista de la familia», el titular es muy revelador: «La esposa del maestro muralista juega, regocijada, con el arte» (traducción del original en inglés: 'Wife of the Master Mural Painter Gleefully Dabbles in Works of Art'). Este artículo, al reducir a Frida como una «aficionada» y enmarcar el interés en ella por su relación con su famoso marido, refleja perfectamente lo difícil que fue para ella conseguir que la tomaran en serio.

XÓCHITL

A lo largo de su vida, Frida Kahlo escribió cientos de cartas, que dejaron como legado una rica correspondencia personal con amigos, amantes y familiares. Sus cartas revelan las múltiples facetas de su personalidad. Para sus padres era «Friducha», la hija cariñosa que escribía para enterarse de los chismes del barrio de Coyoacán cuando se sentía sola en el extranjero. En las cartas de amor dedicadas a Diego, era «su Frida» o «su niña, Frida». Para su amiga Ella Wolfe, era «la popular y poderosa Chicua». Para otras amigas, como Lucienne Bloch, era «chiquita» o «chicuita». Para su amante, José Bartolí, firmaba como «Mara», abreviatura de «Maravillosa», el apodo de José para ella. Y para Nickolas Muray, era «Xóchitl», que significa «flor» o «cosa delicada» en lengua náhuatl.

«No sé cómo escribir cartas de amor», afirmó Frida. Estaba siendo modesta. Esta página recoge algunas de sus mejores frases.

A Nickolas Muray: «Te mando millones de besos para tu hermoso cuello, para que se sienta mejor… A ti, mi adorable Nick, todo mi corazón, mi sangre y todo mi ser. Te adoro. Frida».

A José Bartolí: «Desde que me enamoré de ti todo está transformado y lleno de belleza… el amor es como un aroma, como una corriente, como la lluvia. Sabes, mi cielo, que llueves sobre mí y yo, como la tierra, te recibo».

A Diego Rivera: «Diego: Nada comparable a tus manos ni nada igual al oro verde de tus ojos. Mi cuerpo se llena de ti por días y días. Eres el espejo de la noche. La luz violenta de los relámpagos. La humedad de la tierra. El hueco de tus axilas es mi refugio. Mis yemas tocan tu sangre. Toda mi alegría es sentir brotar tu vida de tu fuente/flor que la mía guarda para llenar todos los caminos de mis nervios, que son los tuyos».

Clasificación X

Aunque Frida vivió en una época conservadora, para su tiempo fue franca y abierta en cuanto al sexo. Escribió cartas apasionadas a sus numerosos amantes: «Anoche sentía como si muchas alas me acariciaran toda, como si en la yema de tus dedos hubiera bocas que me besaran la piel», escribió a José Bartolí. Plasmó su sexualidad en cuadros con una energía erótica palpable. Incluso sus pinturas de plantas son provocativas: *La flor de la vida* (1944) representa dos especies de flores fusionadas para que parezcan un falo rojo e hinchado con pétalos parecidos a los labios vaginales, un cuadro tan explícito para el público en general que, cuando se expuso por primera vez, tuvieron que colocarlo en una sala separada.

Señor Xólotl

Los perros de raza xoloitzcuintle eran los favoritos de Frida. Especialmente el señor Xólotl, un nombre que hace honor al dios azteca del fuego y el relámpago (y también de la desgracia, la enfermedad y las deformidades). El cachorro sin pelo aparece en varios cuadros, uno de los más famosos es *El abrazo de amor del universo, mi tierra (México), Diego, yo y el señor Xólotl* (1949).

Rayos X

Frida sufrió daños permanentes en la columna vertebral a causa del accidente y durante toda su vida tuvo que hacerse innumerables radiografías. El procedimiento le resultaba tan familiar que empezó a representar su cuerpo en los autorretratos como si fuera transparente; el hecho de exponer su columna vertebral en *La columna rota* (1944) se debe, casi con toda seguridad, a la influencia que ejercieron sobre ella las radiografías que mostraban el interior de su cuerpo.

Y

también de

Yin y yang

En 1947, Diego realizó un mural titulado *Sueño de una tarde dominical en la Alameda Central* para el Hotel del Prado de Ciudad de México. El artista incluyó en el mural un retrato de Frida, con su característico rebozo y su pelo trenzado, sujetando un símbolo del yin y el yang (taijitu) en la mano. El yin y el yang, una poderosa imagen de la dualidad, resume la visión del mundo de Frida. La hija de Diego, Guadalupe Rivera Marín, contó que Frida leía mucho sobre filosofía china y veía el símbolo como «lo eterno, el cosmos visto a través del movimiento perpetuo». Frida solía llevar un collar de plata de Matilde Poulat con un yin y un yang sostenidos por dos pájaros y a veces garabateaba el símbolo en su diario. Guadalupe observó que era «el símbolo de la vida de Frida».

Yuca

La yuca es una planta originaria de México, Estados Unidos y parte de Sudamérica. Como a Frida le encantaba, llenó el patio de La Casa Azul con estas plantas espinosas. En 1937, *Vogue* publicó una fotografía de Frida (ahora icónica) para un reportaje titulado «Señoras of México». En la imagen aparece de pie bajo una gigantesca planta de yuca, con una blusa de volantes azul celeste y una enagua blanca, mientras sostiene en alto su rebozo favorito de color ciruela.

El amarillo aparece en muchos de los cuadros de Frida con un efecto sorprendente. En *Autorretrato con changuito* (1945), una cinta amarilla envuelve el cuello de Frida; a partir de 1940, la artista empezó a rodear su cuello con cintas, venas, vides o los largos brazos de un mono, como si amenazaran con asfixiarla.

En la mitología azteca, la flor de cempasúchil (caléndula mexicana) era conocida como la flor de los muertos. Frida pintó las flores amarillas y naranjas en cuadros como *El difuntito Dimas* (1937) y *Niña con máscara de muerte* (1938).

Unas rosas amarillas aparecen en uno de los cuadros más controvertidos de Frida: están sujetas al vestido de terciopelo negro que lleva Dorothy Hale en *El suicidio de Dorothy Hale* (1938).

La colcha amarilla de *El sueño* (1940) es como una alucinación, a la que se suma una figura esquelética de Judas y unas enredaderas que brotan de la cama de Frida; mientras que *El difuntito Dimas* (1937) retrata la muerte de un niño pequeño ataviado con una túnica amarilla.

Uno de los aspectos más fascinantes de la obra de Frida Kahlo es su simbolismo, un lenguaje privado y personal que desarrolló a lo largo de los años. Así, junto con un vocabulario de imágenes, utilizaba colores específicos para transmitir lo que pensaba y sentía: el verde significaba «luz tibia y buena», el solferino le recordaba a «vieja sangre de tuna», el azul marino evocaba «distancia», pero decía que «la ternura también puede ser de este azul». Para Frida, el amarillo era a menudo un color negativo, que le recordaba a «la locura, la enfermedad y el miedo». Escribió que «todos los fantasmas usan trajes de este color... cuando menos, ropa interior», aunque admitió que el amarillo también podía ser «parte del sol y de la alegría».

Y de

YO Y EL AMARILLO

de

ZAPOTECA

Las mujeres zapotecas del Istmo de Tehuantepec, en Oaxaca, siempre fueron una inspiración para Frida Kahlo. Eran famosas por su entereza y destacaban por ser independientes, por sentirse satisfechas con su cuerpo y por liberarse económicamente de los hombres. La cultura zapoteca era una sociedad matriarcal poco común donde las mujeres dirigían los mercados (vendían todo tipo de productos, desde textiles hasta productos frescos, arte popular e incluso iguanas; y todo lo llevaban a los mercados cargado sobre sus cabezas), se encargaban de los asuntos fiscales y, en general, estaban por encima de los hombres. En la época de Frida, estaba de moda que las mujeres modernas y bohemias que vivían en la ciudad adoptaran la vestimenta de las indígenas mexicanas como forma de manifestar su solidaridad con el México posterior a la revolución y el orgullo de su cultura alejada de la influencia exterior.

«El clásico traje mexicano fue creado por y para el pueblo», declaró Diego. «Las mujeres nacionales que no lo usan no pertenecen al mismo, sino dependen, en lo mental y en lo emocional, de una clase extranjera de la que quieren formar parte, o sea, la gran burocracia norteamericana y francesa.»

Aunque Frida se inspiraba en las mujeres zapotecas para vestirse, su forma de hacerlo era de lo más vanguardista. Le gustaba mezclar y combinar prendas de diferentes regiones de México, así como alguna que otra pieza procedente de sus viajes a Estados Unidos y Francia.

Frida se sentía atraída por la historia, la arquitectura, la ropa y el arte de la región de Oaxaca. La influencia de la arquitectura antigua, como las pirámides de Monte Albán, que fueron el hogar de los zapotecas, se aprecia en la pirámide del patio de La Casa Azul. •

ISTMO DE TEHUANTEPEC

Para Frida, las mujeres zapotecas eran símbolos de independencia económica y poder, lo que coincidía con su sensación de ser una extraña, fiel a la tradición pero al mismo tiempo adoptando un estilo de vida moderno y liberado.

Muchas de las contemporáneas de Frida, como Rosa Covarrubias y Dolores Olmedo, se inspiraron en las mujeres zapotecas. Incluso Natalia Chacón, esposa del presidente Plutarco Elías Calles, fue fotografiada con un traje de tehuana para un retrato oficial.

Z
también de

Emiliano Zapata

Emiliano Zapata fue una de las figuras más importantes de la Revolución mexicana. Al reclamar «reforma, libertad, justicia y ley», dirigió un ejército de campesinos e indígenas mexicanos contra el gobierno central de México en una brutal revolución de diez años que dejó diezmada a la población del país. Frida describió un recuerdo de cuando era niña en su diario: «Yo presencié con mis ojos la lucha campesina de Zapata contra los carrancistas» y añadió que la «emoción clara y precisa [...] de la Revolución mexicana» moldearon sus opiniones políticas.

Adelina Zendejas

Miembro de la pandilla de Los Cachuchas, Adelina Zendejas fue una de las mejores amigas de Frida cuando eran adolescentes. En su memoria, recordaba lo estoica que era Frida después de su accidente: «Cuando la visitábamos mientras estaba enferma, ella jugaba, se reía, hacía comentarios y críticas mordaces y agudas y formulaba opiniones sensatas. Si lloraba, nadie se enteraba de ello». Al igual que Frida, Adelina fue comunista y feminista. Mantuvieron su amistad hasta la muerte de Frida en 1954. En su funeral, Adelina destacó las cualidades que había observado en Frida cuando era niña en la Escuela Nacional Preparatoria: su brío, su pasión y su «voluntad férrea de vivir».

Título original: *Frida A to Z*
Edición original inglesa publicada en 2020 por Smith Street Books
Naarm | Melbourne | Australia
smithstreetbooks.com

Editor: Paul McNally
Editora del proyecto: Hannah Koelmeyer
Editora: Katie Purvis
Diseño: Michelle Mackintosh
Ilustración: Susanna Harrison, The Illustration Room
Corrección de pruebas: Ariana Klepac

Texto © Nadia Bailey
Ilustraciones © Susanna Harrison
Diseño © Smith Street Books

Si bien la autora, la editorial y la representación de la marca Frida Kahlo Corporation han hecho todo lo posible para garantizar que la información contenida en este libro fuera correcta en el momento de su publicación, la autora y la editorial no asumen y se eximen por la presente de toda responsabilidad ante cualquier parte por cualquier pérdida, daño o alteración causada por errores u omisiones, ya sea por negligencia, accidente o cualquier otra causa.

Se hace valer el derecho moral de la autora.

© 2022, Redbook Ediciones

Traducción y compaginación: Amanda Martínez

ISBN: 978-84-18703-41-6

Depósito legal: B-16.842-2022

Impreso por Sagrafic, Passatge Carsi 6, 08025 Barcelona

Impreso en España - *Printed in Spain*

«Cualquier forma de reproducción, distribución, comunicación pública o transformación de esta obra solo puede ser realizada con la autorización de sus titulares, salvo excepción prevista por la ley. Diríjase a CEDRO (Centro Español de Derechos Reprográficos, www.cedro.org) si necesita fotocopiar o escanear algún fragmento de esta obra.»

Marca Frida Kahlo © 2020 Frida Kahlo Corporation.
www.fridakahlocorporation.com

Producto autorizado en Australia en asociación con Orcamarina Business Group www.orcamarina.org

ORCAMARINA
Business Group

En la misma colección:

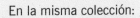

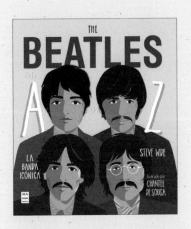

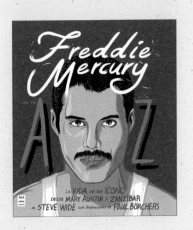

A B C

D E F G

H I J

K L M